JN188497

実践！新学習指導要領

基本が分かる 外国語活動・外国語科の授業

外国語活動・
外国語科実践研究会
編著

東洋館出版社

はじめに

　「平成 30 年度から移行期間が始まったけれど，自分の行っている外国語の授業は果たしてこれでよいのだろうか」，「平成 32 年度には新学習指導要領が全面実施となるが，高学年の外国語科はこれまでの外国語活動とどう違うのだろうか」，「『読むこと』『書くこと』をどう指導し，評価すればよいのか」。今，本書を手にとったあなたは，このような疑問や不安を抱え悩んでおられるのではないだろうか。

　今回の改訂は，現行の学習指導要領で必修化された外国語活動で現場の先生方が積み上げられた豊富な実践による成果と，小学校の外国語活動と中学校の外国語科の指導のギャップ等の課題を解消するためになされたものである。

　小学校の外国語教育については，教師が 2 年間の移行期間で入念な準備を行えるよう，新学習指導要領の全面実施を待たず，文部科学省によって新学習指導要領に基づく教材である中学年の外国語活動の『Let's Try!』，高学年の外国語科の『We Can!』が各学校に作成・配布されるといった他教科では例のない対応がなされており，平成 30 年度から活用されている。

　しかしながら，これまで外国語教育の対象は高学年のみであり，外国語担当の教師が限られていたのに対し，新学習指導要領で中学年から早期化され，多くの教師が否応なしに外国語の授業を担当することとなったことや，外国語の専門性の不安から苦手意識をもつ教師が多い。

　そこで本書では，全面実施に向けて教師が外国語活動・外国語科の授業の具体のイメージをもつことができるよう，実際の授業を題材として，指導上のポイントや留意点等について分かりやすく解説している。また，本書は中学校の英語教師にこそ手にとってもらいたいとの思いから，小学校の外国語教育を踏まえ，中学校の外国語科の授業をどのように改善するべきか，そのポイント等を手厚く記載した。

　まず，第 1 章では，ベーシック編として，新学習指導要領の全体像を概観した上で小学校 3 年生から 6 年生の各学年の特定の単元を取り上げ，単元の流れやポイント，取り上げた単元のうちの 1 コマの授業の具体の活動とポイントについて分かりやすく解説を行った。

　第 2 章では，ステップアップ編として，ティーム・ティーチングを生かした実践，特別な配慮が必要な子供への指導の在り方，ICT 機器の効果的な活用，複式学級の指導のポイントなど，個別のテーマについて取り上げ，質の高い外国語の授業となるヒントを提供した。

　第 3 章では，移行期間中の実践で大切なこととして，教育委員会，管理職，教師それぞれの留意点や，教員研修のポイント，小中連携を踏まえた中学校外国語教育の在り方として中学校 1 年生の特定の単元を取り上げ解説した。

　本書における多くの指導事例が外国語教育の充実に向けて参考になれば幸いである。

　本書の上梓に当たり，ご尽力賜った東洋館出版社の近藤智昭氏に心より謝意を表したい。

平成 31 年 2 月吉日　外国語活動・外国語科実践研究会

目　次

第 **3** 章
移行期間中の実践で大切なこと …………………………103

（小中連携を踏まえた中学校の実践）
中学校１年　Unit 1,2（全８時間）

中学校１年　Unit 4（全４時間）

第1章

学習指導要領改訂とこれからの外国語活動・外国語科の授業

学習指導要領改訂の背景と概要

▶▶ 学習指導要領改訂の背景

　グローバル化の進展や絶え間ない技術革新，生産年齢人口の減少や少子高齢化等により，社会構造や雇用環境は大きく変化し，今後の社会の予測が困難な時代となっている。また，AI（人工知能）やビックデータ，IoT（Internet of Things）などの先端技術が産業や社会生活に取り入れられ，Society 5.0 と呼ばれる時代を迎えようとしている中，人間としての強みはどこにあるのか，学びや仕事にどのように向き合えばよいのかが問われる時代になってきている。

　このような時代において学校教育には，子供たちが様々な変化に積極的に向き合い，他者と協働して課題を解決することや，様々な情報を見極め知識の概念的な理解を実現し情報を再構築するなどして新たな価値を創造することといった能力が求められている。一方で，こうした能力はこれまでの学校教育で長年育成を目指してきた，新しい未知の課題に試行錯誤しながら対応しようとする「生きる力」や知・徳・体の育成と大きく異なるものではない。そのため，これらを今般の社会の中で改めて捉え直していくことが重要となっている。

　こうした状況も踏まえつつ，平成26年11月に文部科学大臣から中央教育審議会へ新たな時代に対応した学習指導要領等の在り方についての諮問を行って以来，約2年の審議を経て，平成28年12月21日に「幼稚園，小学校，中学校，高等学校及び特別支援学校の学習指導要領等の改善及び必要な方策等について（答申）」（以下「中央教育審議会答申」）が示された。

▶▶ 学習指導要領改訂の概要

　中央教育審議会答申では，よりよい学校教育を通じてよりよい社会を創るという目標を学校と社会が共有し，それぞれの学校で必要な教育内容をどのように学び，どのような資質・能力を身に付けられるようにするべきかを明確にしながら，学校と社会との連携・協働により，その実現を図るという「社会に開かれた教育課程」を目指すべき理念として位置付けることとしている。そこで，新学習指導要領等を学校教育を通じて子供たちが身に付けるべき資質・能力や学ぶべき内容などの全体像を分かりやすく見渡せる学びの地図とするためにも，以下の6点に沿って改善すべき事項をまとめ，枠組みを考えていくことが必要とされた。

① 「何ができるようになるか」（育成を目指す資質・能力）
② 「何を学ぶか」（教科等を学ぶ意義と，教科等間・学校段階間のつながりを踏まえた教育課程の編成）
③ 「どのように学ぶか」（各教科等の指導計画の作成と実施，学習・指導の改善・充実）
④ 「子供一人一人の発達をどのように支援するか」（子供の発達を踏まえた指導）
⑤ 「何が身に付いたか」（学習評価の充実）
⑥ 「実施するために何が必要か」（学習指導要領等の理念を実現するために必要な方策）

　特に，教育課程全体の柱となる育成を目指す資質・能力については，授業の創意工夫や教科書等の改善を引き出せるよう，「生きる力」をより具体化し，ア「何を理解しているか，何ができるか（生きて働く「知識・技能」の習得）」，イ「理解していること・できることをどう使うか（未知の状況にも対応できる「思考力・判断力・表現力等」の育成）」，ウ「どのように社会・世界と関わり，よりよい人生を送るか（学びを人生や社会に生かそうとする「学びに向かう力・人間性等」の涵養）」の三つの柱に整理するとともに，各教科等の目標や内容についても，この三つの柱に基づく再整理を図るよう提言がなされたのである（下図）。今回の改訂では，このように育成を目指す資質・能力を明確にした上で，我が国の優れた教育実践を主体的・対話的で深い学びの視点から捉え直し，授業改善（アクティブ・ラーニングの視点に立った授業改善）を進めていくことを重視している。

　こうした改訂の基本方針を実現するためには，各学校において学習の効果の最大化を図るためのカリキュラム・マネジメントが求められるところであり，各学校段階における学習指導要領においてもその旨が示された。教科等の目標や内容を見通し，特に学習の基盤となる資質・能力や現代的な諸課題に対応して求められる資質・能力の育成のためには，教科等横断的な学習を充実することや，「主体的・対話的で深い学び」の実現に向けた授業改善を，単元や題材など内容や時間のまとまりを見通して行うことが求められる。各学校には，今回の学習指導要領等の改訂の趣旨を理解するとともに，子供たちの姿や地域の実情等の把握，人的・物的体制の整備，教育内容や時間の配分の検討などを進めながら，教科等横断的な視点も踏まえた教育課程を編成し，実施・評価し改善していくことが求められるのである。

図：育成を目指す資質・能力の三つの柱

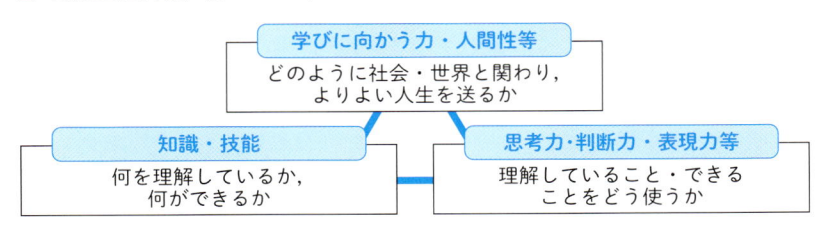

（柾木　渉）

外国語教育が目指すもの

▶▶ なぜ，外国語教育改革が必要か

　社会が急速にグローバル化していく中，今の子供たちが将来，例えどのような職業に就いたとしても，国内外のどこで生活しようとも，生涯にわたって外国語を使って様々な文化的背景や価値観をもつ多様な人々とコミュニケーションを行うことを通じて，豊かな関係を築く機会が飛躍的に増えるだろう。また，未知の課題に対し，国を超えて多くの人々と協働して果敢に挑戦し，解決に導き，新たな価値を創造するような経験も増えるに違いない。

　それでは外国語教育の現状はどうか。学校教育を通じ外国語の学習を行っているものの，実社会で使えるものとなっていない，と指摘されて久しい。外国語を使用する場面が増え，その必然性が高まっているにもかかわらず，また，これまで外国語教育について国において様々な対策を講じてきているにもかかわらず，子供たちの英語力は国が掲げる目標値を下回っている[1]。今回，戦後最大級とも言える外国語教育改革を行った所以である。

▶▶ 今回の改訂の背景

　今回の改訂は，現行学習指導要領の成果と課題を踏まえて検討がなされたものである。

　まず，小学校については，2011年度に小学校高学年に外国語活動が必修化されて以降，小学校の先生方の実践事例の蓄積や創意工夫，たゆまぬ努力により，子供の学習意欲の高まりや英語を使って積極的にコミュニケーションを図ろうとする態度などの面で成果が見られてきた。また，文部科学省の調査結果から，多くの子供は，外国語で簡単な会話をしたり，発音の練習をしたりする小学校外国語活動の授業が中学校に進学して役立ったと感じているようだ。

　その一方で，中学校に進学した子供の多くが小学校で「読むこと」「書くこと」といった活動を経験したかったと考えていることや，学年が上がるにつれて英語の学習意欲の低下が見られること，「音声中心」の小学校での学びから中学校での「文字」への学習へと円滑に接続が図られているとは言えないことなどの課題も指摘されている。

　また，中学校や高等学校においては，語彙や文法をはじめとする知識の習得に重きが置かれ

[1]　平成26年度「小学校外国語活動実施状況調査」の結果より

た授業が展開されがちであり，既習の語句や表現，文法を使って話したり，書いたりする場面が授業の中で十分確保されていないという実態が指摘されている。

▶▶ 小・中・高等学校の改訂のポイント

こうした成果と課題を踏まえ，まず小学校では，中学年から「聞くこと」「話すこと」を中心とした活動を通して外国語に慣れ親しみ学習への動機付けを高めるとともに，高学年では，音声で十分に慣れ親しんだ語句や表現について，段階的に「読むこと」「書くこと」の言語活動を加えて，中学校への接続も意識しながら系統的に学習を行うこととしている。

また，中学校では，授業は外国語で行うことを基本とすることを学習指導要領に明記し，生徒が外国語に触れる機会を十分に確保することとしている。また，こうした外国語での実際のコミュニケーションの中で，語句や表現，文法といった知識を活用する言語活動を充実することとされている。

高等学校では，「聞いたり読んだりして得た情報を使って話したり書いたりする」といった統合的な言語活動を通して，聞く，読む，話す，書くといった力を育成するための科目（英語コミュニケーションⅠ，Ⅱ，Ⅲ）や，発信力の強化に特化した科目（論理・表現Ⅰ，Ⅱ，Ⅲ）を新設することとしている。

いずれの校種においても，教師が教室の中で，外国語を使う必然性のある目的や場面，状況を設定し，児童生徒が実際に既習の語句や表現を使って，自分の考えや気持ちなどを伝い合えるよう工夫することが重要である。

図1　外国語教育の抜本的強化のイメージ

▶▶ 小・中・高等学校に共通した方向性

　今回の改訂では外国語活動・外国語科に限らず，教科等横断的に学習指導要領を構造化し，各教科等の目指すべき方向性について，学校種や世代を超えて教師の共通理解が図られるようにしている。

　外国語教育については，「外国語を使って何ができるようになるか」という観点から，国際基準である CEFR（Common European Framework of Reference for Languages: Learning, teaching, assessment 外国語の学習・教授・評価のためのヨーロッパ共通参照枠）を参考に，小・中・高等学校を通じて五つの領域（「聞くこと」「読むこと」「話すこと（やり取り）」「話すこと（発表）」「書くこと」）別の目標を設定するとともに，学習指導要領を構造化し，目標や内容項目の規定の統一感を図り，学校種ごとのレベル感の違いや内容の差異を比較しやすくし，学校種間の接続が円滑に図られるようにしている。

図2　小・中・高等学校の学習指導要領の構造

小・中・高等学校の学習指導要領の構造

第1　目　標
　　(1) ～ (3)

第2　各言語の目標及び内容等
　　英語
　1　目標
　　(1) 聞くこと　(2) 読むこと　(3) 話すこと［やり取り］
　　(4) 話すこと［発表］　(5) 書くこと
　2　内　容
　　　〔知識及び技能〕
　　(1) 英語の特徴やきまりに関する事項
　　　　〔思考力，判断力，表現力等〕
　　(2) 情報を整理しながら考えなどを形成し，英語で表現したり，
　　　　伝え合ったりすることに関する事項
　　(3) 言語活動及び言語の働きに関する事項
　　　① 言語活動に関する事項
　　　　ア　聞くこと　イ　読むこと　ウ　話すこと［やり取り］
　　　　エ　話すこと［発表］　オ　書くこと
　　　② 言語の働きに関する事項
　3　指導計画の作成と内容の取扱い

第3　指導計画の作成と内容の取扱い

　特に今回の改訂では，互いの考えや気持ちを伝え合う対話的な言語活動を重視する観点から，「話すこと［やり取り］」の領域が設定された。実社会での外国語の使用場面としてやり取りを行う場面が多いことから，使える外国語を強く意識した改訂であることがこの点からも読み取れる。外国語活動・外国語科の目標は，前述した課題を踏まえ，「知識及び技能」「思考力，判断力，表現力等」「学びに向かう力，人間性等」の資質・能力の三つの柱を明確にした上で，①各学校段階の学びを接続させるとともに，②「外国語を使って何ができるようになるか」を明確にするという観点から改善・充実を図っている。

　外国語の学習においては，語彙や文法等の個別の知識がどれだけ身に付いたかに主眼が置かれるのではなく，子供の学びの過程全体を通じて，知識・技能が，実際のコミュニケーションにおいて活用され，思考・判断・表現を繰り返すことを通じて獲得され，学習内容の理解が深まるなど，資質・能力が相互に関係し合いながら育成されることが必要である。

　また，言語活動については，「実際に外国語を用いて互いの考えや気持ちを伝え合う活動」と整理される。外国語を使用して互いの考えや気持ちを伝え合う言語活動の中では，情報を整理しながら考えなどを整理するといった「思考力，判断力，表現力等」が活用されると同時に，外国語に関する「知識及び技能」が活用されることが大切である。

▶▶ 小・中・高等学校の目標から見える共通点と相違点

　最後に，小学校の外国語活動・外国語科，中学校の外国語科，高等学校の外国語科の新学習指導要領の目標の規定を一部取り上げ，それぞれの共通点と相違点を示すこととしたい。

　それぞれの共通点として，「外国語によるコミュニケーションにおける見方・考え方を働かせ」「言語活動を通して」が規定されている。「外国語によるコミュニケーションにおける見方・考え方を働かせ（る）」ということは，外国語を社会との関わりで捉えつつ，目的や場面，状況等に応じて物事を捉える視点や考え方を意識してコミュニケーションを図ることであり，「言語活動を通して」とは，先に述べたとおり，外国語活動・外国語科は，言語活動を行うことを通して資質・能力が獲得されることから，どの校種においても極めて重要となる。

　一方，相違点については，まず，小学校の外国語活動は，扱う領域が「聞くこと」「話すこと（やり取り）」「話すこと（発表）」の３領域であることから，５領域を扱う小学校外国語科及び中・高等学校の外国語科とは異なる。

　また，小学校の外国語活動は「コミュニケーションを図る『素地となる』資質・能力」，小学校の外国語科は「コミュニケーションを図る『基礎となる』資質・能力」，中学校及び高等学校は「コミュニケーションを図る資質・能力」となっている。さらに，中学校では，「簡単な情報や考えなどを理解したり表現したり伝え合ったりする」，高等学校では「統合的な言語活動を通して」「情報や考えなどを的確に理解したり適切に表現したり伝え合ったりする」がそれぞれ追記されており，小学校までの学習の成果が中学校，さらには高等学校に円滑に接続され，校種が上がるにつれて外国語によるコミュニケーションの幅や広がりが豊かになり，育成を目指す資質・能力を児童生徒が確実に身に付けることができることとしている。このように，新学習指導要領の規定が整理・構造化され，小・中・高等学校で一環した目標が設定されたことにより，学校種間の共通点や相違点が比較しやすくなったことが今回の特徴である。このことを踏まえ，小学校と，中学校や高等学校における学習内容との接続の視点を重視しながら指導を行うことが重要である。

図3　小・中・高等学校における外国語教育の目標

小・中・高等学校における外国語教育の目標	
小学校 中学年 外国語活動	外国語によるコミュニケーションにおける見方・考え方を働かせ， 外国語による聞くこと，話すことの言語活動を通して， コミュニケーションを図る素地となる資質・能力を次の通り育成することを目指す。
高学年 外国語科	外国語によるコミュニケーションにおける見方・考え方を働かせ， 外国語による聞くこと，読むこと，話すこと，書くことの言語活動を通して， コミュニケーションを図る基礎となる資質・能力を次の通り育成することを目指す。
中学校	外国語によるコミュニケーションにおける見方・考え方を働かせ，外国語による聞くこと，読むこと，話すこと， 書くことの言語活動を通して，簡単な情報や考えなどを理解したり表現したり伝え合ったりする コミュニケーションを図る資質・能力を次の通り育成することを目指す。
高等学校	外国語によるコミュニケーションにおける見方・考え方を働かせ， 外国語による聞くこと，読むこと，話すこと，書くことの言語活動及びこれらを結び付けた統合的な言語活動を通して， 情報や考えなどを的確に理解したり適切に表現したり伝え合ったりするコミュニケーションを図る資質・能力を次の とおり育成することを目指す。

（金城　太一）

「読むこと」「書くこと」の 指導の在り方

▶▶ 高学年外国語科における「読むこと」「書くこと」のポイント

　高学年外国語科では，「聞くこと」「話すこと」に加えて，「読むこと」「書くこと」が扱われることになる。このことに対して，小学校教師の中には，どのように指導したらいいのかと悩まれたり，新学習指導要領に記されたその目標や内容についての不十分な理解のために，読み・書きに特化して指導をしたり，単語の綴りを覚えさせたりする指導が見られたりすることがある。

　そこで，本節では，この「読むこと」「書くこと」の指導の在り方について正しく理解し，指導できるよう，新小学校学習指導要領外国語活動及び外国語，それぞれの第 2 英語に示されている領域別目標（本書 18，19 ページ参照）を基にその指導の在り方について，具体例も挙げながら述べることにする。なお，具体例は，移行期間に活用できるよう文部科学省が開発・配布した高学年新教材『We Can!』を基に述べることにする。

> ・英語における 5 領域のうち「読むこと」「書くこと」の目標は，「聞くこと」「話すこと」と同等レベルではない。

　高学年外国語科における 5 領域の目標のうち，「読むこと」「書くこと」の目標は，「聞くこと」「話すこと（やり取り）」「話すこと（発表）」のそれに比べると，そのレベルは低く設定されている。それは，「聞くこと」「話すこと」は 3 年生から扱われるが，「読むこと」「書くこと」は 5 年生から扱われることから当然のことと言える。

　例えば，中学年外国語活動の目標の文末は，「〜するようにする」となっていることに対して，高学年及び中学校外国語科における 5 領域の目標の文末は，「〜できるようにする」となっていることが分かる。ただし，高学年外国語科の「読むこと」の「イ」の文末のみがそうはなってはおらず，「できるようにする」ことまでは求めていないことに注目したい。

> ・まずは，音声で十分に慣れ親しむことが大切である。

「読むこと」の「イ」及び，「書くこと」の「ア」「イ」には，「音声で十分に慣れ親しんだ簡単な語句や基本的な表現」と記されており，「読むこと」「書くこと」の指導の前に，音声で十分に語彙や表現に慣れ親しんでいることが求められていることが分かる。

> ・アルファベットの文字の読み・書きは，小学校で行う。

領域別目標の中に，「文字」という文言は，中学年外国語活動「聞くこと」，高学年外国語科「読むこと」「書くこと」の領域の中に記されている。一方，現行中学校学習指導要領外国語科では，「文字」という文言は，「内容」の「読むこと」「書くこと」にそれぞれ，「(ア) 文字や符号を識別し，正しく読むこと。」「(ア) 文字や符号を識別し，語と語の区切りなどに注意して正しく書くこと。」と記されており，アルファベットの文字は，中学校外国語科で指導されるものとされているが，新中学校学習指導要領外国語科における5領域の目標には「文字」という文言は見当たらない。すなわち，アルファベットの文字を読んだり書いたりすることは，小学校での学習内容であるということである。

> ・アルファベットの文字の読み・書きの指導は，子供の実態に合わせて行うことが大切である。

小学校の多くの教師は，中学校で初めて英語としてのアルファベットの文字を学習しているはずである。その際には，まず，大文字の A からアルファベットの順に読んだり書いたりしたのではないだろうか。しかし，アルファベットの文字の指導は Aa から順にするのが適切とは限らない。例えば，『We Can! 1』では，複数の単元を通して，アルファベットの文字を次のような順で扱っている。

大文字：A, H, I, M, O, T, U, V, W, X, Y, E, F, K, L, N, B, C, D, G, J, P, Q, R, S
小文字：c, o, s, v, w, x, z, a, e, u, m, n, r, l, t, f, h, k, l, g, y, j, b, d, p, q

大文字は，「線対称の文字」「直線でできた文字」「カーブを含む文字」の順である。一方，小文字は，大文字に比べその認識に時間がかかると言われていることから，「大文字とよく似た形の文字」「四線の基本線とその上の線に収まる文字」「中二階建ての文字」「二階建ての文字」「地下一階建ての文字」「中学生でも間違えやすい鏡文字」の順である。ただし，この順は一つの提案であり，子供の実態に応じて扱う文字の順を工夫することが大切である。

小学校1年生で初めてひらがなを学習する際には，「あ」からではなく，「つ，く，し」などの一画から扱うことがほとんどである。母語でさえ，このように子供にとって書きやすい，負

担感の少ない文字から扱っていることを考えると，日常的に触れることの少ないアルファベットの文字については，さらに配慮が必要なことは言うまでもない。

　『We Can! 1』では，中学年用新教材『Let's Try!』においてアルファベットの大・小文字に慣れ親しんでいることも踏まえながら，それらの文字に再度出合わせ，少しずつそれらを読んだり，書いたりするようにしている。Unit 1 では，本教材の登場人物である，Kosei や，Saki，Satoshi, Aoi, Christina, John などの名前の文字の名称を聞き取ったり，自分の名前をローマ字で書いたりする。また，Unit 2 ワークシートでは，ローマ字や英語で表された，子供が知っているであろう歴史上人物名の文字をなぞるなどして，アルファベットの文字を書くことに慣れ親しませている。

> ・「書き写す」ことを通して，単語の認識を深めたり，単語と単語の間にスペースを置いて文を書いたりすることなどを体感させる。

　ところで，『Let's Try!』『We Can!』の巻末には，アルファベットの大・小文字カードが収録されている。大文字カードは，その文字の「名称」の読み方の特色により次のように色分けをしている。

青色：読み方が [i:] で終わるもの：B, C, D, E, G, P, T, V, Z
オレンジ色：読み方が [ei] で終わるもの：A, H, J, K
赤色：読み方が [e] で始まるもの：F, L, M, N, X
黄色：読み方が [ai] で終わるもの：I, Y
ピンク色：読み方が [u:] で終わるもの：Q, U, W
茶色：上記 5 種に当てはまらないもの：O, R

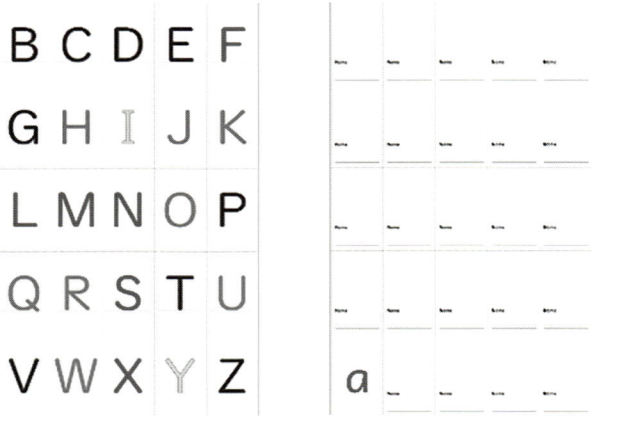

『We Can!』に収録されているアルファベットの文字カード

大文字は，このようにその「名称」の読み方の特色で色分けをしている。一方，小文字はもう一つの読み方である「音」の特色で色分けをしている。

> 赤色：母音：a, e, i, o, u
> オレンジ色：子音で無声音：c, f, h, k, p, q, s, t, x,
> 青色：子音で有声音：b, d, g, j, l, m, n, r, v, w, y, z

　このように，英語の文字は，日本語のひらがなやカタカナとは違い，一つの文字でも複数の読み方がある。このことを知り，文字の「音」に慣れ親しんでおくことがやがて中学校英語科で単語が読めたり書けたりすることにつながる。そのため，新教材『We Can! 1』では，Unit 1の学習の際から，収録されている四種類のジングル（Alphabet Jingle, Animals Jingle, Countries Jingle, Foods Jingle）を何度も繰り返し聞いたり言ったりして，アルファベットの文字の「名称」と「音」に十分に慣れ親しませるようにしている。そのうえで，Unit 5でアルファベットの文字の読み方には，「名称」と「音」の２種類があることを改めて学習するようにしている。

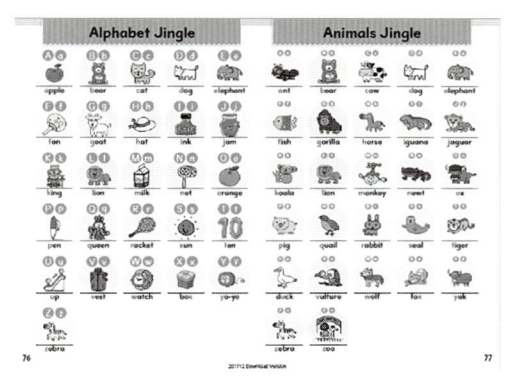
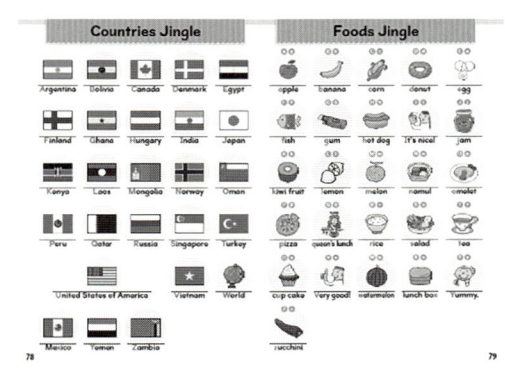

　高学年外国語科の方向性として，中央教育審議会「幼稚園，小学校，中学校，高等学校及び特別支援学校の学習指導要領等の改善及び必要な方策等について（答申）」において，「これまでの課題に対応した形での教科化に向けて，新たに①アルファベットの文字や単語などの認識，②国語と英語の音声の違いやそれぞれの特徴への気付き，③語順の違いなど文構造への気付きなど，言語能力向上の観点から言葉の仕組みの理解などを促す指導を行う」ことが求められた。また，「読むこと」の目標では，次のように記されている。

> 読むこと　イ　音声で十分に慣れ親しんだ簡単な語句や基本的な表現の意味が分かるようにする。

これは，英語の文字には，「名称」と「音」の2種類の読み方があり，「音」の読み方に慣れ親しんだことを生かして，これまでに音声で十分に慣れ親しんだ語彙や表現を音声化することを指している。また，「書くこと」の目標では，次のように記されている。

> 書くこと　ア　（略）また，語順を意識しながら音声で十分に慣れ親しんだ簡単な語句や基本的な表現を書き写すことができるようにする。

そこで，『We Can!』ワークシートでは単語が添えられた絵カードを何度となく目にしたり，イラスト等が添えられた単語や表現をなぞったり書き写したりしながら，子供は単語の認識を深めたり，単語を音声化したりする。また，『We Can! 1・2』の各単元最後のページには，絵本「STORY TIME」を入れている。『We Can! 1』は，全単元の絵本のページを合わせると一つの物語になるようにしている。一方，『We Can! 2』は，各単元1ページで筋が完結し，英語の韻を踏む音声の楽しさを子供が楽しめるようにしている。例えば，Unit 1は，左枠のように -at で韻を踏んでいる。ここで扱われている語彙や表現は，これまでに子供が音声で十分に慣れ親しんでいるものである。デジタル教材を活用したり，あるいは指導者や ALT 等による読み聞かせたりするのを何度も聞いたうえで，子供が読み聞かせを聞きながら，文字を指で追ったり，cat という語を見つけたりして，単語の認識を深めたり，音声化したりする。

> I like cats.
> We have a cat.
> His name is Pat.
> Where is Pat?
> He is in the hat.
> *Pat, the cat, is in the hat*

『We Can! 2』Unit 1 STORY TIME

POINT

・自分の考えや気持ちを書くようにする。

先に見た「書くこと」の「ア」の目標2文目の文末は，「書き写すことができるようにする」である。一方，以下に示す「イ」の目標の文末は，「書くことができるようにする」となっている。

> 書くこと　イ　自分のことや身近で簡単な事柄について，例文を参考に，音声で十分に慣れ親しんだ簡単な語句や基本的な表現を用いて書くことができるようにする。

『We Can!』では，自分の好きなものやこと，夏休みに楽しんだこと，小学校の心に残る行事などについての感想などを，イラストが添えられたワードリストから語句を選んで書く活動を設定している。たとえ，例文を参考に，語句を選んだとしても，自分の考えや気持ちを書き写しているのではなく，書き表しているのである。

新小学校学習指導要領外国語科に示された「読むこと」「書くこと」に関する目標から「読むこと」「書くこと」の指導の在り方とともに，新教材で設定されている活動の具体例のいくつかについて述べてきたが，新教材で扱われている「読むこと」「書くこと」の活動について，ここでまとめておきたい。新教材では，子供が音声で十分に慣れ親しんだ簡単な語句や基本的な表現を自ら読んだり書いたりしようとしたりできたりするために，次のような活動が設定されている。

・アルファベットの大・小文字を見て「名称」を言ったり，「名称」を聞いてその文字を選んだりする。
・アルファベットの文字の見本を見て書いたり，発音された「名称」を聞いてその文字を書いたりする。
・アルファベットの文字には2種類の読み方があることを知り，アルファベットの文字と，その「名称」と「音」とを一致させたり，アルファベットの文字や単語，その単語のイラストを見ながら「名称」，「音」，単語をリズムに合わせて（「ジングル」と呼ぶ）聞いたり言ったりする。
・音声で十分に慣れ親しみ，絵カードに添えられこれまでに見慣れてきた単語が発音されるのを聞いてその初頭音を聞き取ったり，ある「音」を聞いてその「音」で始まる単語を言ったりする。
・音声で十分に慣れ親しんだ基本的な表現の一部に単語カードを置いたり，単語をなぞったり，書き写したりする。
・音声で十分に慣れ親しんだ例文を参考に，ワードリストから自分の考えや気持ちを表す語を選択して文の一部に書く。
・上記で書いた文を清書したり，友達が清書した文を読んだりする。
・英文を見ながらそれが読まれる音声を聞く。
・絵本の読み聞かせを絵本を見ながら聞く。
・絵本の読み聞かせを文字を追いながら聞く。
・英文が読まれるのを読む（音声を真似て言う）。

　高学年外国語科では，「読むこと」「書くこと」を扱うが，大変細かなステップを踏んでゆっくりと確実に子供がアルファベットの文字を読んだり書いたりすることに慣れ親しむようにしたい。単語の認識を深め，子供が自ら単語を読もうとしたり，自分の考えや気持ちを書いたりすることは，中学校で日常的な話題や社会的な話題について書かれた短い文章の概要や要点を捉えたり，日常的な話題について，事実や自分の考え，気持ちなどを整理し，まとまりのある文章や，社会的な話題に関して聞いたり読んだりしたことについて，考えたことや感じたこと，その理由などを書くことができるようにすることにつながると考える。　　　　（直山 木綿子）

5 領域別の目標

	小学校第3学年及び第4学年 外国語活動	小学校第5学年及び第6学年 外国語	中学校 外国語	高等学校 英語コミュニケーション I
聞くこと	ア ゆっくりはっきりと話された際に，自分のことや身の回りの物を表す簡単な語句を聞き取るようにする。	ア ゆっくりはっきりと話されれば，自分のことや身近で簡単な事柄について，簡単な語句や基本的な表現を聞き取ることができるようにする。	ア はっきりと話されれば，日常的な話題について，必要な情報を聞き取ることができるようにする。	ア 日常的な話題について，話される速さや，使用される語句や文，情報量などにおいて，多くの支援を活用すれば，必要な情報を聞き取り，話し手の意図を把握することができるようにする。
	イ ゆっくりはっきりと話された際に，身近で簡単な事柄に関する基本的な表現の意味が分かるようにする。	イ ゆっくりはっきりと話されれば，日常生活に関する身近で簡単な事柄について，具体的な情報を聞き取ることができるようにする。	イ はっきりと話されれば，日常的な話題について，話の概要を捉えることができるようにする。	イ 社会的な話題について，話される速さや，使用される語句や文，情報量などにおいて，多くの支援を活用すれば，必要な情報を聞き取り，概要や要点を目的に応じて捉えることができるようにする。
	ウ 文字の読み方が発音されるのを聞いた際に，どの文字であるかが分かるようにする。	ウ ゆっくりはっきりと話されれば，日常生活に関する身近で簡単な事柄について，短い話の概要を捉えることができるようにする。	ウ はっきりと話されれば，社会的な話題について，短い説明の要点を捉えることができるようにする。	
読むこと		ア 活字体で書かれた文字を識別し，その読み方を発音することができるようにする。	ア 日常的な話題について，簡単な語句や文で書かれたものから必要な情報を読み取ることができるようにする。	ア 日常的な話題について，使用される語句や文，情報量などにおいて，多くの支援を活用すれば，必要な情報を読み取り，書き手の意図を把握することができるようにする。
		イ 音声で十分に慣れ親しんだ簡単な語句や基本的な表現の意味が分かるようにする。	イ 日常的な話題について，簡単な語句や文で書かれた短い文章の概要を捉えることができるようにする。	イ 社会的な話題について，使用される語句や文，情報量などにおいて，多くの支援を活用すれば，必要な情報を読み取り，概要や要点を目的に応じて捉えることができるようにする。
			ウ 社会的な話題について，簡単な語句や文で書かれた短い文章の要点を捉えることができるようにする。	
話すこと[やり取り]	ア 基本的な表現を用いて挨拶，感謝，簡単な指示をしたり，それらに応じたりするようにする。	ア 基本的な表現を用いて指示，依頼をしたり，それらに応じたりすることができるようにする。	ア 関心のある事柄について，簡単な語句や文を用いて即興で伝え合うことができるようにする。	ア 日常的な話題について，使用する語句や文，対話の展開などにおいて，多くの支援を活用すれば，基本的な語句や文を用いて，情報や考え，気持ちなどを話して伝え合うやり取りを続けることができるようにする。
	イ 自分のことや身の回りの物について，動作を交えながら，自分の考えや気持ちなどを，簡単な語句や基本的な表現を用いて伝え合うようにする。	イ 日常生活に関する身近で簡単な事柄について，自分の考えや気持ちなどを，簡単な語句や基本的な表現を用いて伝え合うことができるようにする。	イ 日常的な話題について，事実や自分の考え，気持ちなどを整理し，簡単な語句や文を用いて伝えたり，相手からの質問に答えたりすることができるようにする。	イ 社会的な話題について，使用する語句や文，対話の展開などにおいて，多くの支援を活用すれば，聞いたり読んだりしたことを基に，基本的な語句や文を用いて，情報や考え，気持ちなどを論理性に注意して話して伝え合うことができるようにする。

	ウ サポートを受けて，自分や相手のこと及び身の回りの物に関する事柄について，簡単な語句や基本的な表現を用いて質問をしたり質問に答えたりするようにする。	ウ 自分や相手のこと及び身の回りの物に関する事柄について，簡単な語句や基本的な表現を用いてその場で質問をしたり質問に答えたりして，伝え合うことができるようにする。	ウ 社会的な話題に関して聞いたり読んだりしたことについて，考えたことや感じたこと，その理由などを，簡単な語句や文を用いて述べ合うことができるようにする。	
話すこと［発表］	ア 身の回りの物について，人前で実物などを見せながら，簡単な語句や基本的な表現を用いて話すようにする。	ア 日常生活に関する身近で簡単な事柄について，簡単な語句や基本的な表現を用いて話すことができるようにする。	ア 関心のある事柄について，簡単な語句や文を用いて即興で話すことができるようにする。	ア 日常的な話題について，使用する語句や文，事前の準備などにおいて，多くの支援を活用すれば，基本的な語句や文を用いて，情報や考え，気持ちなどを論理性に注意して話して伝えることができるようにする。
	イ 自分のことについて，人前で実物などを見せながら，簡単な語句や基本的な表現を用いて話すようにする。	イ 自分のことについて，伝えようとする内容を整理した上で，簡単な語句や基本的な表現を用いて話すことができるようにする。	イ 日常的な話題について，事実や自分の考え，気持ちなどを整理し，簡単な語句や文を用いてまとまりのある内容を話すことができるようにする。	イ 社会的な話題について，使用する語句や文，事前の準備などにおいて，多くの支援を活用すれば，聞いたり読んだりしたことを基に，基本的な語句や文を用いて，情報や考え，気持ちなどを論理性に注意して話して伝えることができるようにする。
	ウ 日常生活に関する身近で簡単な事柄について，人前で実物などを見せながら，自分の考えや気持ちなどを，簡単な語句や基本的な表現を用いて話すようにする。	ウ 身近で簡単な事柄について，伝えようとする内容を整理した上で，自分の考えや気持ちなどを，簡単な語句や基本的な表現を用いて話すことができるようにする。	ウ 社会的な話題に関して聞いたり読んだりしたことについて，考えたことや感じたこと，その理由などを，簡単な語句や文を用いて話すことができるようにする。	
書くこと		ア 大文字，小文字を活字体で書くことができるようにする。また，語順を意識しながら音声で十分に慣れ親しんだ簡単な語句や基本的な表現を書き写すことができるようにする。	ア 関心のある事柄について，簡単な語句や文を用いて正確に書くことができるようにする。	ア 日常的な話題について，使用する語句や文，事前の準備などを活用すれば，基本的な語句や文を用いて，情報や考え，気持ちなどを論理性に注意して文章を書いて伝えることができるようにする。
		イ 自分のことや身近で簡単な事柄について，例文を参考に，音声で十分に慣れ親しんだ簡単な語句や基本的な表現を用いて書くことができるようにする。	イ 日常的な話題について，事実や自分の考え，気持ちなどを整理し，簡単な語句や文を用いてまとまりのある文章を書くことができるようにする。	イ 社会的な話題について，使用する語句や文，事前の準備などにおいて，多くの支援を活用すれば，聞いたり読んだりしたことを基に，基本的な語句や文を用いて，情報や考え，気持ちなどを論理性に注意して文章を書いて伝えることができるようにする。
			ウ 社会的な話題に関して聞いたり読んだりしたことについて，考えたことや感じたこと，その理由などを，簡単な語句や文を用いて書くことができるようにする。	

年間指導計画・単元計画の立て方

　多くの小学校の教師から，「外国語活動・外国語科の年間指導計画の立て方について分からない」という声を聞くことがある。そこで，ここでは，年間指導計画について，なぜ作成するのか，それは何か，どのように作成するかについて述べることにする。

▶▶ なぜ年間指導計画・単元計画を立てるのか

　例えば，学校の教育活動の一つである運動会を取り上げて考えてみよう。

　学校では，6月や秋に開催することが多い。その開催に向けて，学校では，次のような動きがあるだろう。秋開催を考えてみた場合，年度初めの職員会議で，その年度の行事等の日程が決められる。そして，夏季休業に入る前，もしくは夏季休業中の職員会議で計画案が共通理解される。その練習は，だいたい全体と学年ごとに分けて実施されることが多い。運動会が近づくと総練習という名のリハーサルも実施される。この練習は，おおよそ1か月ぐらいかかるであろうか。小学校では体育主任が様々提案するとはいえ，全ての教師が練習に関わり，全校練習は全教員で分担も決めて行う。これらは，行き当たりばったりで行われるのではなく，運動会開催日程を目指し，その内容が決まるとそれに向けて分担を決め，計画的に練習を実施しているはずである。

　このように，学校の教育活動は，ゴールをまず決めて，それに向けて計画を立てることが多い。年間指導計画は，まさにそれである。1年後に求める子供の姿を描き，それに向けて，いつ頃にどのような目標の下で，どのような活動や指導で何を学習するのかを記したものが年間指導計画である。よって，年間指導計画なしに授業を進めることは，その授業でどのような力を付けるのか，そのような力を付けるのは何のためなのかを明確にしていないことであり，行先のないまま舟を漕いでいることと変わりはない。また，年間指導計画は，固定されたものではなく，毎年度の見直しも必要である。年間指導計画に沿ってやってみて，うまくいかなかった単元や子供の思考の流れや学習内容の難易度によって，単元を入れ替えたほうがよいことも見えてくる。

▶▶ 既存のものを利用し，自校の実態に合うようアレンジする

　しかし，全ての教師が毎年度新たに全教科等，全教育活動について年間指導計画をゼロから作成しているかと言えば，そうではない。例として挙げた運動会にしても，これまでのものをアレンジして今年度版を作成していることが多い。ゼロから年間指導計画を立てるのは，大変な時間と労力がかかるため，こういうやり方は大いにあり得る。

　外国語活動・外国語科においても同じことが言える。もちろん，ゼロから自校にあったものを作成するに越したことはないが，研究開発学校や教育課程特例校など，財政面や人材面でそれなりの条件が加えられていない一般の学校では，そのような時間，労力を生み出すのは，現実的ではない。よって，これまでに多くの自治体や学校が作成し，公表している年間指導計画を利用することを勧めたい。

　例えば，文部科学省平成 26 〜 29 年度指定「外国語（英語）教育強化地域拠点事業」校では，全面実施を踏まえた年間指導計画を作成しており，それらは，文部科学省ホームページにも挙げられている。中でも，島根県雲南市立吉田・田井小学校は，複式学級で活用できる年間指導計画を開発し，ホームページにその詳細を挙げている。

　また，国立教育政策研究所平成 29・30 年度指定教育課程研究指定校である，大分県佐伯市立明治小学校は，この移行期間に活用できるように，文部科学省が作成した高学年用新教材『We Can!』を活用した 50 コマ及び，70 コマの年間指導計画を基に，他教科等と関連した活動を取り入れた年間指導計画を作成し，ホームページに挙げている。それらを参考にされたい。また，年間指導計画と同様，既存の単元計画を活用するとよい。その際にも，やはり自校の実態に合わせてアレンジしたいものである。

▶▶ 既存の年間指導計画・単元計画をアレンジする際の留意点

　既存の年間指導計画を活用する際には，そのまま活用することも考えられるが，ぜひ学校の実態に合わせてアレンジして活用したいものである。アレンジする際の視点は，以下である。

> POINT ❶
> ・取り上げられている題材や言語活動が，自校の実態に合っているか。

　新学習指導要領にも示されているが，小学校外国語活動・外国語科で取り上げる話題は，自分や相手のことや身の回りの物やこと，日常生活で身近で簡単な事柄である。そこで，学校や地域行事，学級で取り組んでいること，総合的な学習の時間をはじめとする他教科等と関連した題材等を扱うことが考えられる。また，それらは，すでに子供が知っていたり経験したりし

ていることもあり，それらを活用して子供が聞いたり話したりする必然性や子供の興味・関心を引くのに有効である。

　しかしながら，学校や地域行事，学級で取り組んでいることや，子供の興味・関心は，学校や地域，子供の実態によって様々である。よって，取り上げられている題材や設定されている活動を，自校の実態合ったものにアレンジすることが大切である。また，単元の順を入れ替えたり，複数の単元を合体させたりすることも考えられる。ただし，単元の順を入れ替える場合には，単元の目標及び学習内容の系統性に配慮をする必要がある。

POINT

> ・設定されている活動が，子供が英語を使って自分の考えや気持ちを伝え合っているものになっているか。

　新学習指導要領では，小・中・高等学校を通じて，「言語活動を通して」コミュニケーション能力を身に付けさせることとしている。言語活動では，子供が英語を使って自分の考えや気持ちを伝え合っていることが求められる。

　そのためには，コミュニケーションの目的，場面，状況等が明確に設定されている必要があるとともに，「ほんもの」であることが大切である。つまり，子供が自分の考えや気持ちを聞いたり話したりする活動になっていることである。

　既存の年間指導計画をうまく活用して，自校の子供にとって聞いたり話したりする必然性のある言語活動を設定したいものである。

（直山　木綿子）

単元指導計画（年間 70 h）の例（一部抜粋）
平成 30 年度（移行措置期間 1 年目）E タイム（外国語活動）【5 年】（大分県佐伯市立明治小学校）

単元時数	月	使用冊子 単元名	単元目標	単元の評価規準	指導時間別の活動（例）：◆目標、【】は冊子に掲載されている活動 1 時	2 時	3 時	4 時	5 時	6 時
1・2時	四月	HF1【L1】 Hello! 世界のいろいろな言葉であいさつしよう 言語・挨拶	（コ）進んで、友だちやTと挨拶しようとする。 （慣）英語での挨拶や、自分の名前の言い方に慣れ親しむ。 （気）世界には様々な言語があることを知る。	【コ】進んで、友だちやTと挨拶しようとしている。 【慣】英語での挨拶や、自分の名前の言い方に慣れ、相手の挨拶を聞いたり自分で発話したりしている。 【気】世界には様々な言語があることに気付いている。	◆挨拶や自分の名前の言い方を知り、進んで友だちやTと挨拶しようとする。 ①「英語のあいさつ」Tの英語の挨拶を聞き、挨拶と自分の言い方を知る。 ①【Let's Listen1】P.2,3「名前を（）に書こう」 ②【Let's Chant】P.4 チャンツ "Hello" ③「挨拶じゃんけん」 ・ペアになって挨拶と自分の名前を言う。挨拶がすんだらじゃんけんをして、勝ったら1ポイント。 ・たくさんの友達と挨拶して、じゃんけんをする。 ④【Listen2】P.4,5「どの国の挨拶か考えよう」	◆挨拶や自分の名前の言い方に慣れ親しみ、進んで友達やTと挨拶しようとする。 ①【Listen3】P.6 ・音声を聞いて（）に名前を記入する。 ②【Let's Chant】P.4 チャンツ "Hello" ③「ポインティングゲーム」 P.4,5 世界の挨拶 ・TにHello、と全員で声をかけ、Tが返した挨拶がどの国の挨拶か聞き取り、紙面を指差す。 ・ペアでどちらが先に指差したか競う。 ④【Activity】P.7「挨拶して名刺を交換しよう」 ・事前に名刺サイズのカードにローマ字で名前を書いた名刺を用意させ、ペアで挨拶したら名刺を交換させる。（ペア活動）			5A-1	
		表現			Hello. My name is Takuya. What's your name? Nice to meet you. Nice to meet you,too. Here you are. Thank you.					
		語彙			hello, my, name, what, nice, meet,too					
2・2時	四月	HF1【L2】 I'm happy. ジェスチャーをつけて挨拶しよう 感情・様子	（コ）表情やジェスチャーを付けて相手に感情や様子を積極的に伝えようとする。 （慣）感情や様子を表したり尋ねたりする表現に慣れ親しむ。 （気）表情やジェスチャーなどの言葉によらないコミュニケーションの大切さに気付く。	【コ】表情やジェスチャーを付けて相手に感情や様子を積極的に伝えようとしている。 【慣】感情や様子を表したり尋ねたりする表現を言ったり聞いたりしている。 【気】感情やジェスチャーなどの言葉によらないコミュニケーションの大切さに気付いている。	◆感情や様子を表したり尋ねたりする表現を言ったり聞いたりしているとともに、それらをジェスチャーをつけて相手に積極的に伝えようとしている。 ①【Let's Listen 1】P, 8「誰がどんな様子か線で結ぶ」 ②【Let's Sing】P.8 "Hello songs" ③【Let's Play】P.9「何を表すジェスチャーかな」 ・4つの表現を聞いて、どのジェスチャーがふさわしいか番号を書く、合う数字を書く。 ④【Activity】「ジェスチャーで挨拶しよう」 ・友だちと挨拶をし、hungry. I'm happy. I'm sleepy. I'm fine. などの答えを言った友だちの名前を書き込む。活動を始める前に、どの様子を答える友だちが一番多いか予想を立てておく。	◆感情や様子を表したり尋ねたりする表現を言ったり聞いたりしているとともに、それらをジェスチャーをつけて相手に積極的に伝えようとしている。 ①【Let's Sing】P.8 "Hello songs" ・振り付けて歌う。 ②「どのジェスチャーがどんな気持ち？」 ・P.4 の Let's Listen の挿絵にある 6 つのジェスチャーと、それが表す気持ちの言葉を確認する。 ・TにHow are you? と尋ね、答えた気持ちにあうジェスチャーを挿絵の通りにする。 ・素早くテンポよくできるようにする。 ③「気持ち挨拶リレー」 ・カードにあるジェスチャーの挿絵でTがHow are you?と尋ねたら、そのジェスチャーをつけて答える。 ・チーム対抗一人ずつでテンポよく答える。 ④【Activity】「ジェスチャーで挨拶しよう」 ・友だちと挨拶をし、I'm hungry. I'm happy. I'm sleepy. I'm fine. などジェスチャーをつけて答える。なるべく多くの友達と挨拶をする。				
		表現			How are you? I'm happy.					
		語彙			happy,hungry,fine,sleepy,tired,sad,How					
3・4時	五月	HF1【L3】 How many? いろいろな物を数えよう 数・身の回りの物	（コ）進んで数を尋ねたり数えたりしようとする。 （慣）1～20の言い方や数の数え方、身の周りの物の数の言い方に慣れ親しむ。 （気）いろいろな国の数の数え方を知り、日本語と似ている数の言い方や、日本語でもいろいろな数え方があることに気付く。	【コ】進んで数を尋ねたり数えたりしている。 【慣】1～20の言い方や数の数え方、実の回りの物の数の言い方を言ったり聞いたりしている。 【気】いろいろな国の数の数え方は、日本語と似ているいろいろな国の数え方や、日本語でもいろいろな数え方があることに気付いている。	◆いろいろな国の数え方の特色に気付き、数を尋ねる言い方を知り、1～10の数の言い方に慣れ親しむ。 ①Small Talk 「持っている物の数」についてHRTとTのお話を聞く。 ②【Let's Play 1】「じゃんけんゲーム」 ・1回目は先生と、2回目はペアでじゃんけんをして、何回勝てたか記録する。 ③【Let's Listen 1】P.10「いろいろな国の数え方」 ・いろいろな国の数え方を聞き、その特徴を知る。 ④【Let's Play2】P.11「いくつあるか数えよう」」 ・挿絵にある物の数について尋ねたり答えたりする。 ・Tが尋ねたり、ペアになって尋ねあったりする。 ・挿絵意外に身の回りの物の言い方を使って尋ね合う。 ⑤【Let's Chant】P.12「How many balls?」	◆1～10の数の言い方に慣れ親しみ、11から20の数の言い方を知る。 ①【Let's Chant】P.12「How many balls?」 ②「キーワードゲーム」11から20までの数の言い方を知らせる。 ③「キーワードゲーム」キーワードに指定した数字が言われたら、二人の間の消しゴムを取り合う。 ④「ナンバーカルタ」1～20までの数字カードを使って、カルタをする。Tが発話した数のカードを取る。ペア対抗 ・前の席の子どもから順番に1～20までの数を一つずつ言い、20までスムーズにつながるには何秒かかるか。記録を取っていき、協力して記録更新を狙わせる。 ・数字カードをばらばらに順番で提示し、一人ずつその数の言い方を言わせ、最後までスムーズに言えたらクリア。列ごとにチャレンジさせ、クリアできた列は座る。	◆1～20の数の言い方や数の尋ね方に慣れ親しむ。 ①【Let's Chant】P.12「How many balls?」 ②「キーワードゲーム」キーワードに指定した数字が言われたら、二人の間の消しゴムを取り合う。 ③「ナンバーリレー」 ・前の席の子どもから順番に1～20までの数を一つずつ言い、20までスムーズにつながるには何秒かかるか。記録を取っていき、協力して記録更新を狙わせる。 ・数字カードをばらばらに順番で提示し、一人ずつその数の言い方を言わせ、最後までスムーズに言えたらクリア。列ごとにチャレンジさせ、クリアできた列は座る。 ④【Activity1】P.12「How many クイズ」 ・Tが挿絵にあるものの数について尋ねる。 ・挿絵にあるいくつかの物を尋ねたら、この絵の中にあるものをペアで交互に尋ね合わせる。 ・始めに何の数を尋ねるか考えさせて、正解を確認させておく。準備ができたらペアになって尋ね合わせる。相手の質問に正解したら、1ポイント。最後に何ポイントゲットできたか、担任が尋ねる。	◆進んで友だちや先生に数を尋ねたり答えたりする。 ①【Let's Chant】P.12 "How many balls?" ②「ナンバーリレー」 ・前の席の子どもから順番に1～20までの数を一つずつ言い、20までスムーズにつながるには何秒かかるか。記録を取っていき、協力して記録更新を狙わせる。 ・数字カードをばらばらに順番で提示し、一人ずつその数の言い方を言わせ、最後までスムーズに言えたらクリア。列ごとにチャレンジさせ、クリアできた列は座る。 ③「BINGOゲーム」 ・数字カード1～20の中から好きな9枚を選び、BINGOシートの上に並べさせる。How many diamonds ? ・色のついたリンゴの数をペアで交互に尋ね合わせる。相手の質問に正解したら、1ポイント。最後に何ポイントゲットできたか、担任が尋ねる。 ④【Activity 2】P.13「りんごはいくつ」 ・色のついたリンゴの数を尋ね、挿絵のリンゴに好きな数だけ色を塗る。		

[全4時間]『Let's Try! 1』

I like blue.
すきなものをつたえよう

単元の概要 ▷▷

1　単元で目指す子供の姿

　学級の友達や世界の子供たちの描く虹を見て，それぞれに違いがあることに気付くとともに，色，スポーツ，食べ物等の自分の「すきなもの」について，積極的に楽しみながら伝え合う姿を目指す。

2　指導者の願い

　I [like / don't like] 〜. Do you like 〜? Yes, I do. I like 〜. / No, I don't. I don't like 〜. を用いて，互いの「すきなこと」についてコミュニケーションを図ることを通して，人と言葉でやり取りをすることの楽しさを体験的に理解してほしい。

単元の目標：新学習指導要領 ▷▷

・多様な考え方があることや，音声やリズムについて外来語を通して日本語と英語の違いに気付き，色の言い方や，好みを表したり好きかどうかを尋ねたり答えたりする表現に慣れ親しむ。　　　　　　　　　　　　　　　　　　　　　　　　　　　　（知識及び技能）
・自分の好みを伝え合う。　　　　　　　　　　　　　　　（思考力，判断力，表現力等）
・相手に伝わるように工夫しながら，自分の好みを紹介しようとする。

　　　　　　　　　　　　　　　　　　　　　　　　　（学びに向かう力，人間性等）

単元の目標：現行学習指導要領 ▷▷

・進んで，好みを尋ねたり答えたりして伝え合おうとする。

　　　　　　　　　　　　　　　　　　（コミュニケーションへの関心・意欲・態度）
・色の言い方や，好きかどうかや何が好きかを尋ねたり答えたりする表現に慣れ親しむ。

　　　　　　　　　　　　　　　　　　　　　　　　　（外国語への慣れ親しみ）
・多様な考え方があることや，音声やリズムについて外来語を通して日本語と英語の違いに気付く。　　　　　　　　　　　　　　　　　　　　（言語や文化への気付き）

本単元の学習のポイント

　友達の意外な一面に気付いたり，友達のことについて知らないことが多いことに気付いたりし，もっと互いのことを知りたいという「コミュニケーションへの積極性」を高めることができるような言語活動を仕組むことが大切である。インタビュー（やり取り）や自己紹介（発表）の中で，これまでの Unit で慣れ親しんできた Hello. / Hi. /I'm ～. / See you. / How are you? についても，個に応じて取り入れるとよい。

■言語材料
○ I like（blue）. Do you like（blue）? Yes, I do. / No, I don't. I don't like（blue）.
○ like, do, not, don't, too，色（red, blue, green, yellow, pink, black, white, orange, purple, brown），スポーツ（soccer, baseball, basketball, dodgeball, swimming），飲食物（ice cream, pudding, milk, orange juice），果物・野菜（onion, green pepper, cucumber, carrot），rainbow
［既出］挨拶・自己紹介，状態・気持ち

■単元を通した子供の変容
　単元の導入では，モノクロで示されたイラストや写真を見て，子供たちは積極的に本来の色を答えていた。その後，I［like/don't like］～. を用いて自分の好みを伝えたり，Do you like ～? を用いて，互いに尋ね合ったりした。その際，紙面にある色やスポーツ，食べ物だけでなく，地域の特産物や子供たちに人気のあるキャラクターなどを取り入れることで，より主体的に学習に取り組み，対話を通して相互理解を深めていた。

子供の振り返りより

〈第 1 時〉
・大すきなキャラクターがでてきてうれしかった。正しいえい語の色の言いかたがわかってよかった。
・人によっていろいろなにじの色があることがわかった。外国の友だちのにじも，とてもじょうずだったです。
〈第 2 時〉
・先生たちのすきなものがわかって，おもしろかったです。ぼくもマンゴーがすきです。
・いろいろなものを，えい語ですきかを言えて楽しかったです。かき氷やせみとかの言いかたをしりたいです。
〈第 3 時〉
・たくさんの友だちとインタビューをしました。とてもたのしかったです。
・インタビューをして，みんなのすきなアニメやゲームがわかりました。ほかにもいろいろときいてみたいです。
〈第 4 時〉
・じぶんのことをえい語でしょうかいするのははじめてだったけど，しょうかいできてよかったです。さいしょはきんちょうしたけど，うまく伝えることができるようになりました。
・じょうずにできてよかった。みんなのことがいろいろとわかっておもしろかった。

目標
多様な考え方があることや，音声やリズムについて外来語を通して日本語と英語の違いに気付くとともに，色の言い方に慣れ親しむ。

目標
好きなものやそうでないものを表す表現に慣れ親しむ。

第1時	第2時
1 めあてをもつ活動	**1 めあてをもつ活動**
○挨拶をする	○挨拶をする
○ What color? クイズ	○ Small Talk
・モノクロで提示されたキャラクターなどの写真を見て，本来の色を答える。	・I［like / don't like］〜. などを用いて，T1とT2がそれぞれの好みを伝える。
めあて：英語の色の言い方に慣れよう。	**めあて：自分の好きなものやそうでないものを伝えよう。**
2 めあての達成に向けた活動	**2 めあての達成に向けた活動**
○ Color Steps	○ Let's Chant：I like blue.（色編）
・"Seven Steps" のリズムで歌う。	・数回聞いた後，一緒に言う。
○ Color song	○ Let's Listen 1
・フランスの民謡 "Frére Jacques" のリズムで歌う。	・I［like / don't like］〜. を用いた，指導者の好きな色についての発表を聞いた後，ペアで好みを伝え合う。
○ What's this? What color?	・誰が何色を好きかを聞いて線で結ぶ。
・モノクロで提示された虹の写真を見て，自分のイメージする色を発表する。	○ Let's Chant：I like blue.（スポーツ編）
○ Activity 1	・数回聞いた後，一緒に言う。
・自分の虹を描く。	○ Let's Listen 2
○ Let's Watch and Think 1	・I［like / don't like］を用いた，指導者の好きなスポーツについての発表を聞いた後，ペアで好みを伝え合う。
・世界の子供たちが虹を描く様子などを視聴し，自分たちの作品との違いや共通点を発表する。	・音声を聞き，登場人物の好きなスポーツとそうでないスポーツの番号を書く。
	○好きなものやそうでないものを伝えよう
	・ペアやグループで好きなものやそうでないものを伝え合う。
3 めあてと正対した「まとめ・振り返り」	**3 めあてと正対した「まとめ・振り返り」**
○振り返りカードを記入する	○振り返りカードを記入する
○挨拶をする	○挨拶をする

評価規準
・多様な考え方があることに気付いている。（気）
・色の言い方について，日本語と英語では音が違うことに気付いている。（気）
・色を聞いたり言ったりしている。（慣）

評価規準
・好きなものやそうでないものを表す表現を聞いたり，言ったりしている。（慣）

好きかどうかや何が好きかを尋ねたり答えたり
する表現に慣れ親しむ。

進んで，好みを尋ねたり答えたりして伝え合お
うとする。

第3時	第4時

第3時

1　めあてをもつ活動

○挨拶をする

○ Small Talk

・Do you like 〜? を用いて，T1 と T2 でや
り取りをする。

> **めあて：好きかどうか尋ねる言い方に慣れ
> よう。**

2　めあての達成に向けた活動

○ Let's Chant：I like blue.（QA 編）

・数回聞いた後，一緒に言う。

○ Let's Watch and Think 2

・登場人物が好きかどうかを予想して○や△
を記入し，映像中のタイミングが合うとこ
ろで Do you like 〜? と尋ねながら，登場
人物の好みを知る。

○ Let's Listen 3

・紙面の色，スポーツ，食べ物について，
T1 と T2 の Do you like 〜? などを用いた
好みについての会話を聞いたり，質問に答
えたりする。

○ Let's Chant：I like blue.（QA 編）カラオケ

・動物やキャラクターなどのイラストを用い
て，カラオケでチャンツを行う。

○ Let's Play

・友達の好き嫌いを予想してインタビューす
る。

3　めあてと正対した「まとめ・振り返り」

○振り返りカードを記入する

○挨拶をする

> **評価規準**
> ・好きなものを尋ねたり答えたりしている。（慣）

第4時

1　めあてをもつ活動

○挨拶をする

○ Small Talk

・自己紹介をする。Hello! I'm〜. I like 〜. I
don't like〜. Do you like 〜? Thank you!

> **めあて：学んできた英語を使って，進んで
> 自己紹介をしよう。**

2　めあての達成に向けた活動

○ Let's Chant：I like blue.

（色編，スポーツ編，QA 編）

○ Activity 2

・ワークシート（Unit 4-1）に好きなものな
どの絵を描いて，自己紹介シートを作成す
る。

○自分の好みを交えて自己紹介をし合う

・ペアやグループで行った後，希望者が全体
の前で自己紹介をする。

Hello.

How are you?. / I'm（happy）.

I'm 〜.

I like 〜. / I don't like 〜.

Do you like 〜?

Thank you.

3　めあてと正対した「まとめ・振り返り」

○振り返りカードを記入する

○挨拶をする

> **評価規準**
> ・進んで好きなものを尋ねたり，答えたりしている。
> （コ）

（第 1 時／全 4 時間）

英語の色の言い方に慣れよう

本時の目標 ▷▷

1　色の言い方に慣れ親しむ。
2　多様な考え方があることに気付く。

準備する物 ▷▷

○教師用カード（色）
○提示用スライド（色）
○デジタル教材
○ワークシート
○『Let's Try! 1』テキスト（全児童）

指導体制について ▷▷

　　本時は，ティーム・ティーチングで行う。授業全体の進行は T1 が行うが，場面によって
主担当を T1 と T2 で交互に行う。

本時で目指す姿 ▷▷

・様々な色を聞いたり言ったりしている。
・自分の描いた虹を他者と比べ，様々な考えがあることに気付いている。

45 分間の流れ

What color? クイズ

What color?

いろいろな色に慣れ親しむ活動

オリジナルの虹を描く

Let's Watch and Think

映像を見て、気づいた
ことをまとめよう！

指導者が一方的に色の言い方を教えるのではなく，モノクロで提示されたキャラクターや信号機などの写真について"What color?"と尋ね，子供たちが自ら英語で色を発する工夫をし，その後，正しい発音を繰り返し聞かせる。

黒板に提示された「青・黒・桃・赤・緑・橙・黄」の色カードの順で"Seven Steps"のリズムで歌う。次に，テレビ画面に映された「黄・橙・紫・緑・赤・桃・青・黒・茶・白」の順で，フランスの民謡"Frére Jacques"のリズムで歌う。歌にすることで，カタカナ発音から英語に近い発音になる。

モノクロで虹の写真を見て，互いのイメージする虹の色を伝え合う。続いて，教師の，"Let's draw your original rainbow!"という合図により，自分の思う虹を自由に描いていく。教師は，作業するだけの時間とならないよう"You like 〜.""That's good."などと声をかけ，個別にやり取りをするようにする。

同世代の世界の子供たちが，"I like red."のように自分の好きな色を言いながら虹のイラストを描く映像を視聴する。自分のイメージしている虹との共通点や相違点に気付いたり，考えたりする。同じ虹を見ても，その捉え方は多様であることを体験的に理解していく。

I like blue.
すきなものをつたえよう

（ What Color? クイズ ）：5分

挨拶

T1：Hello. → S：Hello.

T2：Hello. → S：Hello.

T1：Hello. → T2：Hello.

T1：How are you? → T2：I'm good.

T2：How are you? → T1：I'm fine.

T1 T2：How are you? → S：I'm ～.

> **Point** 授業導入は挨拶から始まる。挨拶では、T1と子供のみ、あるいはT2と子供のみで終えるのではなく、T1、T2、子供の三者がそれぞれ挨拶を交わすことができるようにすることが大切である。

クイズ

T1：Look at the TV.

T2：What's this?　　　　　S：プーさん！

T2：What color?　　　　　S：イエロー！

T1：That's right! Yellow!　　S：Yellow!

> **Point** What color? と尋ねると子供から「イエロー！」のように元気よく答えが返ってくる。それを受け取り、T1：That's right! Yellow! → S：Yellow! のように、自然な流れで正しい発音を聞かせ、繰り返させることが大切である。

めあて

T1：今日はどんな学習をすると思いますか。

S：色を英語で言う学習！

T2：それではめあてを書きましょう。　　板書「えい語の色の言い方になれよう。」

> **Point** 子供たちが、積極的に様々な色を発するような導入をし、その活動からめあてへとつなげ、学びを焦点化することが大切である。

■ What Color? クイズの留意点

挨拶の後，Look at the TV. と指示する。この時点でテレビには何も映し出されていない。教師が Three, two, one, とカウントダウンしていくと，子供たちは興味をもち，テレビに集中する。そして，テレビにモノクロイラストが提示されると，「わー！」という反応が返ってくる。そこで，What color? と尋ねると，積極的に答えが返ってくる。

本活動は楽しみながらテンポよく進んでいく。子供たちがよく知っているキャラクターなどを扱っているからである。そこで，終盤に信号機のモノクロ写真を提示する。すると，信号機の三つのうちの両端が何色かで意見が分かれる。意見が分かれる場面を意図的に設定することで，子供たちを更に熱中させることができる。

Point

子供たちが思わず「見たい！言いたい！」と思うような仕掛けが大切である。本時では，子供たちが興味をもっていそうなキャラクターなどのイラストや写真を，モノクロで提示するという仕掛けをした。とてもシンプルな工夫だが，子供たちは自分の知っているキャラクターがテレビに映し出されると，とても嬉しそうな反応を示していた。本活動だけでも10分程度楽しむことができる。しかし，同じ活動が変化なく続くと次第に飽きてくる。「もっとやりたかった！」くらいで終えるほうが効果的である。

I like blue.
すきなものをつたえよう

Color Steps ：5分

///

色の提示

＊「青」の色カードを示しながら

T2：What color?　　S：ブルー！

T1：Blue.　　　　　S：Blue.

＊「黒」の色カードを示しながら

T2：What color?　　S：ブラック！

T1：Black.　　　　S：Black.

> **Point** 「青・黒・桃・赤・緑・橙・黄」の一つ一つの色の正しい発音を確認する。

"Seven Steps" の替え歌

T2：♪ Blue〜 Black 〜 Pink〜 Red〜 Green〜・Orange〜 Yellow〜♪

S：あ〜聞いたことある〜！

T2：Let's sing together!

S：♪ Blue〜 Black 〜 Pink〜 Red〜 Green〜・Orange〜 Yellow〜♪

> **Point** 変化を付けながら，"Seven Steps" のリズムで色の言い方に慣れ親しませる。

Color Song ：5分

///

カラーソング

T1：♪ yellow, orange〜 yellow, orange〜purple, green〜purple, green 〜red, pink, blue〜

red, pink, blue〜 black, brown, white〜 black, brown, white〜♪

T1：Let's sing together!

> **Point** フランスの民謡 "Frére Jacques" のリズムで，楽しみながら色の言い方に慣れ親しませる。子供たちは幼児期に「♪グーチョキパーで〜グーチョキパーで〜なにつくろう〜なにつくろう〜。♪右手はグーで，左手はチョキでかたつむり〜かたつむり〜♪」という歌で，指遊びをしながら慣れ親しんできている曲である。

■ Color Steps 及び Color Song の留意点

　"Seven Steps" のリズムで数回歌う。1回目はゆっくり，2回目はスピードアップ，3回目は超スローで歌わせる。その後，色カードを1枚取り，そこに手のイラストを描く。「その箇所は歌わずに手拍子をする」というルールにする。このように変化を付けながら繰り返すことで，楽しみながら色の言い方に慣れ親しむことができる。

　フランスの民謡 "Frére Jacques" の曲で指導者が歌うと，子供たちは「聞いたことがある〜！」と反応する。再度，教師が歌い始めると，いつの間にか子供たちも歌い始める。教師が指揮をして，音楽発表会のように歌わせたり，輪唱をしたりしながら色の言い方に慣れ親しませる。

■ "Seven Steps" の反省点

　本時では，"Seven Steps" のリズムに合うように「青・黒・桃・赤・緑・橙・黄」の順で行ったが，orange（橙）の発音が，リズムに合わせることが難しいようであった。そこで，他の学級では「青・黒・桃・赤・緑・黄・緑」と改善して行った。

■ カラーソングの反省点

　教師が，フランスの民謡 "Frére Jacques" のリズムに合わせて2回歌った後に，子供たちにも2回歌わせた。その後，輪唱に挑戦した。学級を3つのグループに分けて輪唱を行ったが，あまり上手くできなかった。そこで，他の学級では2つのグループに分けて輪唱を行うと，上手く歌うことができた。

（黄）	（橙）
（紫）	（緑）
（赤）（桃）	（青）
（黒）（茶）	（白）

I like blue.
すきなものをつたえよう

Color クイズ ：5分

クイズ

T1：I will ask you some questions.

T1：What color is a banana?　Ss：Yellow!

T1：What color is a mango?　Ss：Red! Orange!

T1：What color is Okinawa?　Ss：Blue! Green! Red!

T1：What color is the sun?　Ss：Red! Orange! Yellow!

> **Point** 自分の思う色を，思わず言いたくなるようなクイズにする。意見が分かれた際に，その色だと思う理由を尋ねる。すると，例えば「沖縄」の場合，「海の青」「空の青」「サトウキビの緑」のように，同じ「沖縄」のイメージでも，互いの想像の対象が違うことに気付かせることができる。

Activity 1 ：5分

クイズ

＊モノクロ写真で虹を提示する。

T2：What's this?　　　　　　Ss：虹！

T2：What's "Niji" in English?　Ss：レインボー！

T1：What is "rain"?（ジェスチャーで雨の様子と傘をもっている様子を示す）　Ss：雨！

T1：What is a "bow"?（ジェスチャーで弓を射るポーズを示す）　　　　Ss：弓！

T2：どうして虹のことを"rainbow"っていうのかな？

S：分かった！虹は，雨が降った後にできる弓みたいな形をしているものだからだ。

T2：なるほど！

T1：What color is a rainbow?

Ss：Red! Yellow! Orange!

虹を描く

T1：Let's draw your original rainbow.

> **Point** 活動に入る前にイメージする虹の色が，それぞれ違うことに気付かせることで，より主体的にオリジナルの虹を描くようになる。描いた後は，互いの虹を見せ合わせる。

Let's Watch and Think 1 ：5分

映像視聴

T1：クラスのみんなもそれぞれ違う虹を描いたね。世界の子供たちはどんな虹を描くのだろうね。見てみたい？

Ss：見た〜い！

T1：それでは，これから映像を見ます。二つ目のめあてを「映像を見て，気付いたことをまとめよう」としましょう。

> **Point** 本時の目標に関わる大切な活動である。映像を見る前に，めあてをもたせることが大切である。

Activity 1 では，はじめに "rainbow" の語源に気付かせる。

次に，互いのイメージする色を伝え合わせる。その後，ゆったりとした BGM を流しながら，「オリジナルの虹」を描く活動を行う。本時では，活動後に掲示するために，ワークシートに描かせたが，紙面に描かせてもよい。

Let's Watch and Think 1 は，登場人物が「名前・出身国」を伝えてから，虹を描く映像である。登場人物が「名前・出身国」を伝えた後に，一端映像を止め，それらについて確認するとよい。外国の同世代の子供たちが描いた虹を見て，「○○という国では，○○色の虹を描く」というステレオタイプ的な理解にならないように配慮する。

評価の考え方

本時では「色を聞いたり言ったりしている」「互いの虹を比べ，多様な考え方があることに気付いている」を中心に評価する。前者はワークシートに「◎○△」で自己評価，後者は，振り返りカードに記述をさせる。目標準拠評価を常に意識することが大切である。

(平良 優)

〔全4時間〕『Let's Try! 2』

What time is it?
今，何時？

単元の概要 ▷▷

1　単元で目指す子供の姿

　本単元では，時刻や日課の言い方や尋ね方に慣れ親しむ。世界には時差あること，世界の同年代の子供たちが様々な地域で生活をしていることについて知る。単元終末には，好きな時間について，その理由も加えて伝え合うことを目指す。

2　指導者の願い

　進級し，子供の興味・関心が更に広がり，日課も多様化している。友達との日課の違いや好きな時間が同じでも，理由が様々であることに気付かせたい。外国語活動で伝え合うことにより，友達の新たな一面を知る機会になることを実感してほしい。

単元の目標：新学習指導要領 ▷▷

・世界の国や地域によって時刻が異なることに気付くとともに，時刻や日課の言い方や尋ね方に慣れ親しむ。　　　　　　　　　　　　　　　　　　　　　　（知識及び技能）

・自分の好きな時間について，尋ねたり答えたりして伝え合う。

　　　　　　　　　　　　　　　　　　　　　　（思考力，判断力，表現力等）

・相手に配慮しながら，自分の好きな時間について伝え合おうとする。

　　　　　　　　　　　　　　　　　　　　　　（学びに向かう力，人間性等）

単元の目標：現行学習指導要領 ▷▷

・進んで時刻や日課，好きな時間について伝え合おうとする。

　　　　　　　　　　　　　　　（コミュニケーションへの関心・意欲・態度）

・時刻や日課，好きな時間について尋ねたり答えたりする表現に慣れ親しむ。

　　　　　　　　　　　　　　　　　　　　　　（外国語への慣れ親しみ）

・世界には時差があることに気付き，様々な生活が営まれていることに気付く。

　　　　　　　　　　　　　　　　　　　　　　（言語や文化への気付き）

本単元の学習のポイント

　時刻や日課の言い方においては，表現の仕方は様々であるが，子供の実態を考慮しながら取り入れる。本単元では，"It's 'wake-up time'.""It's 'homework time'." など，日課を名詞で表現している（Unit 9 で "I wake up.""I do my homework." など動詞の表現に慣れ親しむ）。言語材料が多いので，チャンツやジェスチャーなどで体感しながら，言葉に慣れ親しむ。また，時間の表現についても子供たち一人一人に算数科で使用した小さな時計を用意し，手を動かしながら取り組むとよい。

■言語材料

○ What time is it? It's (8:30). It's ('homework time'). How about you?

○ 数字（forty, fifty, sixty），a.m., p.m., about,

○ 日課・時間（[wake-up / breakfast / study / lunch / snack / dinner / homework / TV / bath / bed / dream] time）

【既出】挨拶，How's the weather? It's [sunny / rainy / cloudy / snowy]. What day is it? It's (Monday). what, is, it, book, 数（1 ～ 60），曜日，スポーツ，遊び

■単元を通した子供の変容

　時刻を尋ねたり答えたりする活動，日課を伝える活動，組み合わせて理由も付け足す活動などをスモールステップで行った。時間については，最初は午前と午後で混乱している様子だった。子供の日常生活にも時間が出てくるので，他の時刻などでも進んで "What time is it?""It's two p.m." と尋ね合ったり，「もっと細かく時刻を言うにはどうするか」と質問し合ったりする子供もいた。

　日課については，好きな時間を尋ねたり答えたり，予想して当てたりする活動をすることによって，「理由も言いたい，聞いてみたい」と今まで慣れ親しんだ語句や表現を使って自分で考えながら伝えようとしていた。

子供の振り返りより

・好きな時間は同じだったけれど，理由がちがっていて面白かった。

・友達の好きな時間を知れてよかったし，自分の好きな時間を英語で伝えることができてうれしかった。

・さいしょに話したときよりも，ジェスチャーを使う工夫をしたら伝わった。

・さいしょ言うときは自信がなかったけど，"Wow! Really?!" や "Nice!""Me, too!" などみんなが反応しながら聞いてくれたので自信をもって伝えられた。

目標

時刻や日課，好きな時間について尋ねたり答えたりする表現に慣れ親しむ。

目標

時刻や日課，好きな時間について尋ねたり答えたりする表現に慣れ親しむ。
世界には時差があることに気付き，様々な生活が営まれていることに気付く。

第1時

1　Greeting
○挨拶をする
○調子・日付・曜日・天気を言う
○本単元の終末の活動について知る。本単元の流れを知る
○本時のめあてと流れを確認する

> **めあて：時刻や日課の言い方を知ろう。**

2　Small Talk
○教師と ALT の日課について教師とやり取りをしながら聞く

3　Warm-up
○ Let's Chant : What time is it?
　・時刻や日課の尋ね方や答え方を知る。

4　Activity 1
○ Let's Watch and Think 1
　・映像を観たり，教師と ALT が演じるのを見たりしながら時刻と日課を線で結ぶ。

5　Activity 2
○ Pointing Game
　・言いながらテキストにあるイラストを指す。
　S：What time is it?
　ALT：It's three p.m. It's 'snack time'.
○ Find the cards
　・ALT が言った日課順にカードを見つけ，言いながら並べる。

6　Closing
○振り返りカードを記入し，振り返る
○ ALT の本時の感想を聞く
○挨拶をする

> **評価規準**
> ・時刻や日課，好きな時間について尋ねたり答えたりする表現に慣れ親しんでいる（慣）

第2時

1　Greeting
○挨拶をする
○調子・日付・曜日・天気を言う
○本時のめあてと流れを確認する

> **めあて①：時差について知ろう。**
> **めあて②：時刻や日課の言い方に慣れ親しもう。**

2　Small Talk
○教師が大切にしているものについて（時間と時計の話）教師とやり取りをしながら聞く

3　Warm-up
○ What's missing?（言語材料の確認）
○ Let's Chant : What time is it?
　・時刻や日課の尋ね方や答え方に慣れ親しむ。
　・ジェスチャーが付けられるところは付ける。

4　Activity 1
○時差について知る
　・ワールドカップのサッカーの試合開始時刻を話題にして，時差があることに気付く。
○ Let's Watch and Think 2
　・映像を観たり教師が演じるのを見ながら時刻を書いたり，日課と線を結んだりする。

5　Activity 2
○聞いてみたい時間を尋ねたり答えたりする
　・中間評価を参考に，班で相手を替えて繰り返す。
　"What time is it?" もしくは，"What time is 'snack time'?" "It's three p.m."

6　Closing
○振り返りカードを記入し，振り返る
○挨拶をする

> **評価規準**
> ・時刻や日課，好きな時間について尋ねたり答えたりする表現に慣れ親しんでいる（慣）
> ・世界には時差があることに気付き，様々な生活が営まれていることに気付いている（気）

第3時

1　Greeting
○挨拶をする
○調子・日付・曜日・天気を言う
○本時のめあてと流れを確認する

> めあて：自分の好きな時間についてたずね
> たり答えたりして伝え合おう。

2　Small Talk
○教師と ALT の好きな時間と楽しみなこと，
　その理由を教師とやり取りをしながら聞く

3　Warm-up
○ Let's Chant：What time is it?
　・時刻や日課の尋ね方や答え方に慣れ親しむ。
　・ジェスチャーが付けられるところは付ける。

4　Activity 1
○ Let's Listen
　・登場人物の好きな時刻を聞き取り，時計を
　　完成させる。
○ Who is it? クイズ
　・他の教師やキャラクターなどの問題に答え
　　る。自分ならどんな理由にするかを考える。

5　Activity 2
○ Destiny Game
　・自分と友達の答えが合うかを推測しながら
　　答える。中間評価を参考に，"Why?" "It's
　　'snack time'. I like cookies." など考えや気
　　持ちを付け加える。

6　Closing
○振り返りカードを記入し，振り返る
○ ALT の本時の感想を聞く
○挨拶をする

> 評価規準
> ・進んで時刻や日課，好きな時間について伝え合お
> うとしている。（コ）

第4時

1　Greeting
○挨拶をする
○調子・日付・曜日・天気を言う
○本日のめあてと流れを確認する

> めあて：相手に伝わるように，自分の好き
> な時間についてたずねたり答えたりしよう。

2　Small Talk
○ 5 年生で行く伊豆高原移動教室の活動予定に
　ついて，教師とやり取りをしながら聞く

3　Warm-up
○ Let's Chant：What time is it?
　・時刻や日課の尋ね方や答え方に慣れ親しむ。
　・ジェスチャーが付けられるところは付ける。

4　Activity 1
○ Destiny Game
　・自分と友達の答えが合うかを推測しながら
　　答える。
　・相手に伝わっているか，反応を意識しなが
　　ら活動する。できるだけ多くの友達と活動
　　し，考えや気持ちを交流する。

5　Activity 2
○インタビュー
・班の人に好きな時刻とその理由を伝える。
・中間評価を参考に，どうすれば相手に伝わる
　か意識する。できるだけ多くの友達に好きな
　時刻と理由を伝える。
"What time do you like?"
"I like seven p.m."
"Why?" "It's 'dinner time'. I like 〜 ."

6　Closing
○振り返りカードを記入し，振り返る
○挨拶をする

> 評価規準
> ・進んで時刻や日課，好きな時間について伝え合お
> うとしている。（コ）

（第4時／全4時間）

相手に伝わるように，自分の好きな時間についてたずねたり答えたりしよう

本時の目標 ▷▷

進んで時刻や日課，自分の好きな時間について進んで伝え合う。

（コミュニケーションへの関心・意欲・態度）

準備する物 ▷▷

○掲示用カード　　○デジタル教材
○『Let's Try! 2』テキスト（全児童）
○振り返りカード

指導体制について ▷▷

学級担任による単独授業

本時で目指す姿 ▷▷

　前時までに時刻や日課の表し方や自分の好きな時間について尋ねたり答えたりする表現に慣れ親しんだ。本時では，友達と自分の生活時間の共通点や相違点を見つけ，自分の生活を見直すという本来の目的を達成するために，インタビュー活動という必然性のある場面を設定している。活動を通して，自分の考えや気持ちが相手により伝わるためにはどのようにしたらよいか工夫したり，一人一人の日課の違いに気付いたり，友達の新たな一面を知ったりする機会にしたい。

45分間の流れ

① **Greeting**
・挨拶・調子・日付・曜日・天気を言う。
・めあてと本時の流れについて確認する。

② **Small Talk**
・来年度の移動教室の活動予定について，教師とやり取りをしながら，まとまった話を聞く。

③ **Warm-up**
・Let's Chant: What time is it?
　ジェスチャーが付けられるところは付ける。

④ **Activity 1**
・Destiny Game
　「相手に伝わるように」を意識して自分と友達の答えが合うかを推測しながら答える。

⑤ **Activity 2**
・班の人に好きな時刻とその理由を伝える。中間評価を参考に，どうすれば相手に伝わるかを意識する。できるだけ多くの友達に好きな時刻と理由を伝える。
　"What time do you like?"
　"I like seven p.m."
　"Why?" "It's 'dinner time'. I like 〜."

⑥ **Closing**
・振り返りカードを記入する。
・全体で振り返りをする。
・挨拶をする。

What time is it?
今，何時？

Greeting：4分

///

T：Let's start English class. Who is *otoban-san* today?

S：Hello, Kuroki *sensei*.　Ss：Hello, Kuroki *sensei*.

T：Hello, everyone. How are you?

Ss：I'm fine, thank you. And you?

T：I'm pretty good! Thank you.

T：What is the date today?　　Ss：It's July 19th.

T：Good! It's July 19th, 1, 2!　Ss：It's July 19th!

T：What day is it?　　　　　Ss：It's Thursday.

T：Great! It's Thursday, 1, 2!　Ss：It's Thursday!

T：Look at the sky! How is the weather today?　Ss：It's sunny today.

T：Yes! It's sunny today, 1, 2!　Ss：It's sunny today!

T：Very good! OK, let's start English class.

> **Point** 毎回同じ始め方をしている。1人ではなかなか自信をもって言えなくても全員
> で一緒に言うことにより，少しずつ表現に慣れ親しませるようにしている。

T：Today's goal is.... めあてを読んでみましょう。

Ss：「相手に伝わるように，自分の好きな時間について進んでたずねたり答えたりしよう」

T：「相手に伝わるように」ってどうすればいいのかな？

S：ジェスチャーをして教えてあげる。

T：なるほど（身振り手振り）

S：ちゃんと反応してあげる。

S：相手が好きな物を言ったら繰り返してあげる。

T：I like *onigiri*.　S：Oh, you like *onigiri*.

T：このように言ったら，「ああ，聞いてくれているなぁ」って思いますよね。

S：アイコンタクト！

T：そうだね。目を合わせるって大事だよね。…自分なりに工夫して「相手に伝わるように」
　話してほしいと思います。So, today's schedule is …（流れを伝える）

> **Point** めあてとともに，本時の活動で大切にしたいことを明確にする。また本時の流
> れを確認することにより，見通しをもって活動に取り組めるようにする。

　全員で一緒に声を出すことにより，元気よく活動に取り組めるようにする。授業のはじめ方を毎回同じにすることで，英語に緊張してしまう子供も安心して活動に入れるようにする。月の名前や序数，曜日等は難しいので，朝の会でも「今日の英語」として取り組むとよい。

　本時の活動で大切にしてほしいポイントを明確にすることによって，子供たちが見通しをもって活動するための手助けになる。活動の途中でも中間評価を入れながら，めあてを意識させることを忘れないようにする。

授業をスムーズに進めるための四つの手立て

①授業の流れを掲示し，子供にとって見通しがもてるようにする。

②振り返りカードは，1単元を通して1枚にする。単元全体を見通せるようにする。

③ ALT がいない場合はパペット等を使用し，やり取りを明確にする。

④コミュニケーションを円滑に行うポイントを掲示し，どの教科等でも意識し活用している。

What time is it?
今，何時？

Small Talk ：8分

T：So, the next activity is Small Talk. Today, I'm going to talk about School Trip to Izu.

Ss：移動教室だ〜伊豆高原！　T：Yes! ピンポンピンポーン! That's right! You all are going to go to Izu next year, right? I think it is an interesting topic for you.

Ss：School Trip!　T：Yes! School Trip!　Ss：どんな所なんだろう，What? What?

T：Do you know where Izu is? What prefecture?

Ss：Prefecture?（教師が見せる地図を見て）ああ，Shizuoka! Shizuoka!

T：Yes, that's right.　（…中略…）

T：Today, I want to talk about the schedule. The first day, what time is 'Dinner Time'? Please guess!　Raise your hand if you know that! What time is it?

Ss：It's seven p.m. T：Close!（このように，何問かいろいろな予定について子供たちに時間を尋ねたり，子供たちからも質問を受けたりする）

T: That's all for my Small Talk today. Thank you for listening.

> **Point** 今まで慣れ親しんだ語句や表現を用いて，教師と子供は対話形式の Small Talk を行う。毎時間少しずつ行うことにより，高学年の Small Talk への積み重ねになる。また，子供たちが日本語で反応しても教師は短く簡潔な英語で対応する。

Warm-up　Let's Chant ：4分

T：OK, next, Chant. Let's chant together. Stand up, please. With gestures, please. "What time is it? What time is it?" Like this!（ジェスチャーを見せる）Are you ready?

Ss：Yes, I'm ready! T：Let's do it. Let's start!　（Chant：What time is it?）

T：Good job! Let's try one more time. One more time. Louder! Clear voice, please. With gestures.

Ss：One more time.（…続く…）

> **Point** リズムを口ずさみながら，なるべく体を動かして表現に慣れ親しませるようにする。子供は体を動かすことに慣れることで，その後の尋ねたり答えたりする活動でも自然にジェスチャーを入れるようになる。

　Small Talk では，教師が今までに慣れ親しんだ語句や表現を使い，子供たちが興味をもちそうな題材についてまとまった話をする。中学年では，教師と子供の双方向の対話形式を取り入れるようにし，高学年では，Small Talk をきっかけに子供同士でやり取りをする機会となるよう工夫する。

　Warm-up では，リズムや音で体を動かしたり，チャンク（文のかたまり）を意識して言う活動を取り入れたりする。Let's Chant は単元のはじめでは速く感じるかもしれないが，何度も聞いたり，言える部分のみ言うなどすることで，速さとリズムに慣れ親しめるようにする。

板書例

単元名は４線にして見慣れるようにする。他教科等と同様に活動のめあてを子供と確認した上で板書する。

文を掲示するときには，主語や動詞などを揃えて貼ることで，高学年での語順への気付きにつなげるようにする。

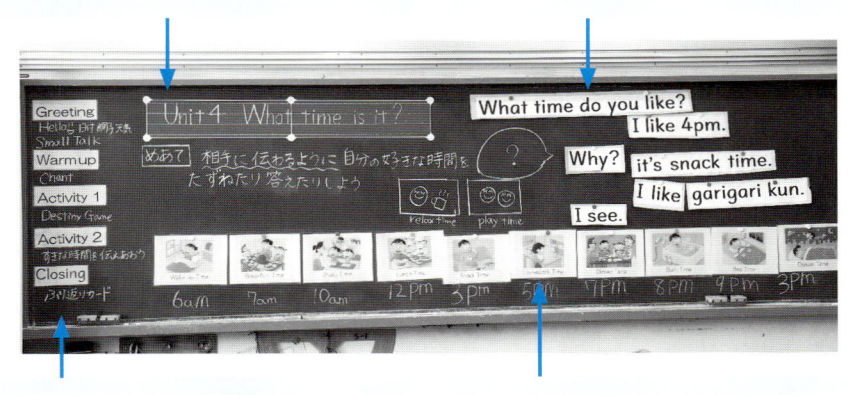

学習過程を掲示し，１時間の流れが分かるようにする。

ピクチャーカードは『Let's Try! 2』の絵と同じものにし，子供が混乱しないようにする。

What time is it?
今，何時？

Activity 1 Destiny Game ：7分

T：OK. Next, let's play Destiny Game together. I'll show you how to do it. Any volunteers?（子供の代表を出す）First, back to back, please. Second, I say a question, you repeat the question. Lastly, count 3,2,1, then face to face say the answer. Try to say the same answer with your partner. Let's try! Are you ready? Ss: Yes, I'm ready.

【やり取りの例】（Back to back）T：What time do you like?　Ss：What time do you like?

T+Ss：3,2,1!!　（Face to face）Ss：I like three p.m. Yay!（Thank you.）

（相手を替え何度か行う。本時のめあての「相手に伝わるように」を意識させる）

> **Point** 活動は，なるべく簡単な英語で説明する。First, second, のように短く伝えると子供たちも頷きながら，時には繰り返しながら説明を聞こうとする。この活動は，友達の気持ちを推測しながら答えたり，共通点や相違点を感じたり，ただ繰り返すのでなく，自ら考えながら活動することができる。

Activity 2　インタビュー ：14分

T：Now, Activity 2, Today's main activity. Open your textbook to page 17. What time do you like? How about you? Please fill in the blank. Japanese OK.（空欄に記入をさせる）

T：Let's say it together.（①教師と子供，②子供同士）

【やり取りの例】

S1：What time do you like?　S2：I like seven a.m.　S1：Oh, you like seven a.m. Really? Why?　S2：I like *miso* soup. S1：I see. S2：How about you? What time do you like?（続く）

T：You did a good job! 言いづらかったところ，分からなかったところはあったかな。（中間評価をする）　Ss：○○さんはよく反応していた。（数名が答える）T：OK. Next, let's talk with your group members. How many friends can you ask? Are you ready? Ss：Yes! I'm ready! T：OK, go ahead. Start, please.

> **Point** 教師一人では，対話の見本が示しづらい。そのためパペットを用意して対話を示すようにしている。活動のねらいを子供たちがより意識できるように，途中で活動を止め，中間評価を入れる。子供たちに友達の姿のよい点を発表させ，話し手や聞き手の態度への気付きを促す。

　単元が進むにつれて，ただ与えられた
ものを繰り返し言うのではなく，「慣れ親
しんだ言葉を使って相手に自分の思いを
伝えたい」「相手がどのように言うのか相
手の思いを知りたい」と思うような活動
になるようにしている。

Closing ：8分

T：You did a good job! 1回目よりも2回目のほうが，ジェスチャーもリアクションも増え
　ましたね。会話量も増えてきた人もたくさんいました。今日のめあては何でしたか？

Ss：「相手に伝わるように　自分の好きな時間について進んでたずねたり答えたりしよう」
　です。

T：自分はどうだったか振り返りをしてみましょう。（2，3分書く時間を与える・机間指導）

T：1文字でも書いた人！（…何人か指名する）意欲的に手を挙げていて素晴らしいね！

S1：Aさんと同じ時間が好きだけど，理由が違っていて人によって感じ方が違うことが分
　かりました。

S2：Bさんが私の言ったことを繰り返してくれたので，聞いてくれていると分かってうれ
　しかったです。

T：You all did a good job! Very good! That's all for today. Who is *otoban-san* today?　（終
　わりの挨拶）

評価の考え方

　移行期間中は現行の評価規準で考える。本時は「進んで時刻や日課，好きな時間について
伝え合おうとしているか」（コミュニケーションへの関心・意欲・態度）を活動への参加
度，振り返りカード，ビデオ記録で評価する。　　　　　　　　　　　　　　（黒木 愛）

［全7時間］『We Can! 1』

What do you have on Monday? 学校生活・教科・職業

単元の概要 ▷▷

1 単元で目指す子供の姿

自分の将来の夢を実現するためにはどのような学習が必要かを考える。そのために必要な教科等についての英語表現を聞いたり言ったりしながら，夢をかなえるための「夢の時間割」について考え，互いに伝え合おうとする子供の姿を目指す。

2 指導者の願い

Unit1, 2で世界の様子や様々な国の文化に触れた子供が，本単元で更に様々な国の学校生活を知り，将来の自分の姿を考える。「総合的な学習の時間」と関連を図り，グローバルな視野で自分の夢を考え，互いに紹介させていきたい。

単元の目標：新学習指導要領 ▷▷

・教科について聞いたり言ったりすることができる。また，活字体の小文字を識別し，読むことができる。 （知識及び技能）

・学校生活に関するまとまりのある話を聞いておおよその内容を捉えたり，時間割について伝え合ったりする。 （思考力，判断力，表現力等）

・他者に配慮しながら，時間割やそれについての自分の考えなどを伝え合おうとする。 （学びに向かう力，人間性等）

単元の目標：現行学習指導要領 ▷▷

・進んで教科等について尋ねたり答えたりしようとする。 （コミュニケーションへの関心・意欲・態度）

・教科等について尋ねたり答えたりする表現に慣れ親しむ。また，活字体の大文字を読んだり書いたりすることに慣れ親しむ。 （外国語への慣れ親しみ）

・世界には様々な学校があり，日本と世界の学校生活の共通点と相違点に気付く。 （言語や文化への気付き）

本単元の学習のポイント

　自分の将来に結び付く学習（時間割）を考えることは，決して「好きな教科」だけではなく，例え苦手だと思う教科でも，自分の夢を実現させるためには必要だと思えば，時間割に組み込み，「なりたい自分」に近づくことにつながる。

　そのような視点でつくられた時間割を発表し合うことで，将来への希望をもち，自己肯定感や学びへの意欲を高めていく。またそれと同時に，友達に対してもその考えを認め応援しようとする態度につなげられるとよい。

■言語材料

○ Do you have（P.E.）on Monday? Yes, I do. / No, I don't.
　What do you have on Monday? I study（math）. I want to be（a teacher）. I want to study（math）. ○教科（Japanese, English, math, social studies, home economics, calligraphy, moral education, P.E.）, cleaning time, recess, 職業（ baseball player, doctor, fire fighter, florist, police officer, vet）, study, goat
［既出］曜日，教科（music, arts and crafts, science）, teacher, soccer

■単元を通した子供の変容

　一つ目は，「学校生活や将来の夢に対する視野の広がり」である。自分たちの日常が学校生活の全てだと思っていた子供が様々な国の学校生活を知ることで視野が広がり，日本の小学校では学ばない教科等にも興味をもったりすることで，将来の活躍の場を世界に広げたりする姿が見られるようになった。二つ目は「教科の書き方に関する発見」である。今までは聞いてばかりいた教科名を，実際になぞったり書き写したりしたことで，大文字と小文字を使うときの違いや，発音と文字の関係を発見できた姿が見られるようになった。

子供の振り返り

自分の学校は月曜日から金曜日まで6時間授業なのに、ケニアでは8時間も授業をして、土曜日にも5時間授業をするのを知っておどろきました。「スワヒリ語」という言葉があるのを初めて知りました。どんな言葉なのか聞いてみたいです。

子供のワークシート

Japanese と English は最初が大文字でした。他の教科は小文字です。P.E. や H.R. の . （点）は、本当の名前をしょうりゃくしている言葉だと知りました。日本語にはしょうりゃくはありません。

目標
世界には様々な学校があり，日本と世界の学校生活の共通点と相違点に気付く。

目標
学校生活に関するまとまりのある話を聞いておおよその内容が分かり，時間割について尋ねたり答えたりする表現に慣れ親しむ。

第1時	第2〜3時

第1時

1　単元のゴール
　この単元を通して学ぶことを確認する。

> めあて：日本と世界の学校生活を考えよう。

2　教科の名前
　自分たちのクラスで使われている時間割を見ながら，各教科等の英語表現を確認する。

3　曜日の名前
　『We Can! 1』の Let's Sing "Sunday, Monday, Tuesday" を映像を見ながら歌い，曜日の言い方を確認する。

4　世界の学校
　五つの国がどの国なのか，国旗や写真を見て確認する。

5　Let's Watch and Think 1
　○映像を3回に分けて視聴する
・①一とおり映像を見た後，自分が聞こえた言葉をクラスで共有する。それらをキーワードとして内容を推測する。
・②③教師が一時停止させた場面で教科等の言い方や日本と違う生活など，聞こえたことを確認したり共有したりする。

6　振り返り
　曜日や教科の言い方，また世界の学校について学んだことを振り返る。

評価規準
・世界には様々な学校があり，日本と世界の学校生活の共通点と相違点に気付いている。（気）

第2〜3時

1　教科の復習
　「今日の時間割」や「昨日の時間割」などについてクラスで話しながら，教科の英語表現を復習する。

> めあて：世界の学校の時間割を考えよう。

2　曜日の復習
　『We Can! 1』の p.20 Let's Sing "Sunday, Monday, Tuesday" を映像を見ながら歌い，曜日の英語表現を復習する。

3　『We Can! 1』Let's Listen
　はじめに，時間割の曜日や教科等の言い方を確認をしたり，「月曜日の○時間目は何の教科？」といった質問に答えたりして十分に慣れ親しんだ後に聞く。

4　Let's Watch and Think 2
　映像を見て，世界の学校について分かったことを記入欄に書く。
※「どこの国の友達（国旗）だろうか？」「どんな国なんだろうか？」と話しながら映像の視聴へつなげるとよい。

5　振り返り
　世界の学校の時間割や，日本との違いについて学んだことを振り返る。

評価規準
・学校生活に関するまとまりのある話を聞いておおよその内容を捉えたり，時間割について尋ねたり答えたりしている。（コ）

第 4 〜 6 時

1 Let's Chant
"What do you have on Monday?"を，映像を見ながら歌い，曜日や教科等の言い方を確認する。

めあて：時間割について話し合おう。

2 Let's Watch and Think 3
登場人物や四つの職業，また夢の時間割に書かれている内容についてクラスで確認する。その後に映像を見て線で結ぶ。

3 Activity 1
（1）先生の時間割
・教師の夢の時間割についての発表を聞く。
※ Unit1，2で触れた，好きな色やスポーツ，
　欲しいものなどに関連付けた夢を話しても
　よい。
（2）自分の時間割
・将来の夢を考え，実現させるために必要な
　時間割を考え書く。
※下の空欄に将来の夢を書かせてもよい。
（3）友達の時間割
・ペアワーク，またグループワークで友達と
　時間割について聞いたり話したりしながら
　記入する。

4 Writing
自分で考えた夢の時間割の教科等の単語をなぞったり書き写したりして作成する。

5 振り返り
夢につながる時間割について振り返る。

評価規準
・教科について聞いたり言ったりしている。また活
　字体の小文字を識別し，読んだり書いたりできる。
　（慣）
・教科について他者に配慮しながら伝え合おうとし
　ている。（コ）

第 7 時

1 Let's Chant
"What do you have on Monday?"を，映像を見ながら歌い，曜日や教科を復習する。

めあて：将来の夢につながる時間割を考えよう。

2 発表
自分の夢につながる時間割をグループで発表する。発表者が曜日を指定して，他のメンバーが"What do you have on 〜 day?"と尋ねるような，show and tell の形式で発表し合う。
（1）4 〜 5 人のグループで順番に発表する。
（2）一とおり発表したら，隣のグループとメ
　　ンバーを半分交代し，新しいグループで発
　　表し合う。
（3）一とおり発表したら，さらに別のグルー
　　プとメンバーを半分交代し，新しいグルー
　　プで発表し合う。

3 振り返り
単元のゴールに到達したかを確認しながら，学習を振り返る。

評価規準
・他者に配慮しながら，時間割やそれについての自
　分の考えなどを伝え合おうとしている。（コ）

（第4時／全7時間）

時間割について話し合おう

本時の目標 ▷▷

・自分や友達が考えた夢の時間割についてまとまった話を聞いたり，答えたりすることに慣れ親しむ。

準備する物 ▷▷

○デジタル教材　『We Can! 1』テキスト（全児童）
○教師の夢の絵カード（拡大）

指導体制について ▷▷

『We Can! 1』の Activity 1「先生の夢の時間割」は，ALT が行うより子供たちと関係性が深い学級担任が行うことが望ましい。

本時で目指す姿 ▷▷

自分の将来に思いを馳せ，実現させるためにどのような学習を重ねていけばよいかを考えられる姿や，同時に先生や友達の夢や時間割についても認め合い肯定し合える姿を目指す。そのために，例えば Activity 1 で教師が夢の時間割について発表をする際には，普段から得意とすることや好きなものに関連した将来の夢だけでなく，本当は苦手だったり得意でなかったりすることに関連した将来の夢も加え，「実現のために頑張る」という前向きな発表をあえて取り入れるとよいだろう。

45分間の流れ

『We Can! 1』の Let's Watch and Think 3 の映像を見る前に，登場人物の名前や将来の夢のイラスト，また時間割についてもそれぞれ内容を確認する。

『We Can! 1』の Activity 1 の，「先生」欄から始めることで，伝えるための英語表現やジェスチャーの見本を見せる。夢の職業の拡大図もあるとよい。

自分の将来に思いを馳せ，実現させるための時間割を考える。好きな教科ばかりでなく，夢を実現するために必要だと思う教科も入れていくようにする。また，子供の実態に応じてオリジナル教科等を考えさせ，時間割に入れることも考えられる。

ペアになった友達と，それぞれ発表し合う。グループになって，順番に書かせてもよい。聞いた後には，"Good!" や "Nice!" など声をかけられるよう支援する。

What do you have on Monday?
学校生活・教科・職業

Greetings and Small Talk ：10分

T：Hello, everyone!

Ss：Hello, Mr.（Ms.）〜 .

T：How are you, today?

Ss：I'm（good / so-so / tired / fine …）

T：How is the weather?

Ss：It's（sunny / cloudy / rainy / windy …）

T：What's the date today?

Ss：It's …

T：Do you remember the names of the subjects?

> **Point** 第1時から使っている「教科の絵カード」を使って復習する。子供たちにとって言い慣れない教科がある場合は，様々な提示の仕方で繰り返し絵カードを見せたり，教師がジェスチャーを使ったクイズ形式にしたりして自然に慣れさせていく。

T：So, I am a teacher now.

　I like English very much. When I was a 5th grade student（子供たちを指しながら），I wanted to be a teacher. It was my dream. So, I am a teacher now.

Ss：Oh 〜 !

T：What is your dream?

Ss：Umm…

T：Open your textbook. You can see some job cards.

　What is your dream? A teacher? A baseball player?

S：A baseball player.

T：Good! Your dream is a baseball player. You want to be a baseball player. Very good.

> **Point** 様々な職業の言い方に出合わせる場面である。単に絵カードを見せてその言い方に出合わせるのではなく，意味のあるやり取りの中で出合わせたい。子供たち一人一人に What's your dream? Do you want to be a 〜? などと質問を投げかける形で出合わせていくようにする。

　始まりのあいさつは，毎時間の決まった流れで行う。

　"How are you?" の問いかけに対して "I'm fine, thank you. And you?" と，全員が同じ答えを返していくのではなく，自分の体調に合わせた答え方を各自ができるとよい。

　巻末にない職業でも，子供が就きたい職業が当然あるだろう。

　「この職業は英語で何て言うのだろう？知っている人いる？」など，クラス全体に投げかけ，全員で進めていきたい。英語の辞書があれば，調べてみてもよい。

　単元のゴールへ向かう過程で扱った様々な職業について，「この夢を実現するためにはどんな勉強が必要かな？」「この夢に関係している教科は何かな？」など，夢の実現と教科の関連性について常にクラス全体へ問いかけながら活動を進めたため，上の写真のようなオリジナルの時間割をつくることにつながった。

What do you have on Monday?

学校生活・教科・職業

Let's Watch and Think 3 ：10分

T：OK. Open your textbook to pate 23. You can see four kids. What are their names?

Ss：Kosei, Saki, Kenta, Aoi.

T：Good. Next, you can see four pictures. What are these? This is a …?（野球選手のイラストを指して）

Ss：Baseball player.

T：That's right. S1, you want to be a baseball player, right?

S1：Yes.

T：Good luck. What's this?（教師のイラストを指して）

Ss：Teacher.

T：That's right. This is a teacher. Who wants to be a teacher?（数名の子供が挙手）
Oh, S3, you want to be a teacher. S4, you want to be a teacher, too. …. Great.
Look at your textbook. A baseball player, a fire fighter, a vet, a teacher. A fire fighter, a vet.（これら二つは子供が聞き慣れていないと思われるため，数回繰り返し聞かせる）
Kosei wants to be a baseball player? A fire fighter?
Saki wants to be a vet? A teacher? Please guess.

> **Point** いきなり映像を視聴させるのではなく，テキストにあるイラストを基に子供とやり取りをし，これから視聴する映像ではどんなことが話されるかを予想させる。

T：Look at the yellow schedule on page 23.（誌面にある四色の内ピンクの時間割を指して）
What schedule?

Ss：P.E., P.E., English, math, social studies, homeroom activities.

T：Yes, that's right. How about the light blue schedule?（他の三色も同様に確認をする）
Now let's watch the video.

> **Point** 様々な視聴のさせ方があるが，子供の実態に合わせて視聴させることが大切である。例えば，四人の登場人物を一とおり視聴させた後，Kosei のみを視聴させ，どのような語が聞き取れたかを確認することを数回繰り返し，Kosei の話した内容を理解させるようにする。その後，他の三人を同様に行い，全ての子供に「英語だけど分かった」という成就感をもたせるようにする。

Activity 1 ：22 分

T：Next, your turn! Before that, I'll tell you about my dream.

I am a teacher now. It was my dream. Now I have one more dream.

Ss：Really!?

T：Yes! Now, I'll tell you about my dream schedule. Look at this (『We Can! 1』P22 の表).

Now, listen and write down my dream schedule.

Ss：OK!

T：I like music very much. So, I want to be a singer.

I want to study…music, music, English, P.E., Japanese,

and calligraphy!!

I have two "music" classes. This is my dream schedule!!

Ss：Oh, good!!

> **Point** 子供たちにとって担任は,「教師になる」という夢をかなえた身近な大人である。しかし,「あれもやってみたい」「こういう道にも進んでみたい」「こんなふうになりたい」など, いつになっても人として成長したい気持ちをもち続けることの大切さについて, 体験的に理解させたい。

What do you have on Monday?
学校生活・教科・職業

T：Great, everyone. Now it's your turn. Please make your dream schedule.

（表に自分の夢の時間割を記入している間，机間指導をする）

　Are you finished?

Ss：Yes, I'm finished.

T：OK. S1, what do you have on Monday?

S1：English, P.E., P.E., social studies, Japanese and Japanese.

T：I see, you have English, P.E., P.E., social studies, Japanese and Japanese. Do you like P.E.?

S1：Yes, I do. I like P.E.

T：Very good. How about S2? What do you have on Monday?

S2：….

T：Oh, you have …. Nice. How about S3? Everyone, let's ask S3 together. What…

T・Ss：What do you have on Monday?

S3：….

> **Point** What do you have on Monday? You have ~. を何度か聞かせたうえで，子供に教師と一緒に尋ねさせたり言わせたりすることで，次のペアでのやり取りにつなげるようにする。

T：Now let's ask in pairs. Please write your friend's dream schedule on your page 22.

子供同士のやり取り例

S1：What do you have on Monday?

S2：(I have) English, English, arts and crafts, arts and crafts, Japanese and social studies.

S1：English, English?

S2：Yes, English, English, arts and crafts, arts and crafts.

S1：OK, arts and crafts, arts and crafts.

S2：Japanese and social studies.

S1：OK, thank you.

S2：How about you? What do you have on Monday?

S1：….

振り返り：3分

> **Point** 毎時間の振り返りは，本時の目標についてどうだったかを振り返らせることが大切である。本時であれば，自分や友達が考えた夢の時間割についてまとまった話を聞いたり，答えたりしたかどうかについて振り返らせる。

評価の考え方

　移行期間中は，現行の学習指導要領に基づいて外国語活動を実施することとなっているため，単元目標，本時の目標は，現行学習指導要領に沿ったものとすることになる。本時では，「外国語への慣れ親しみ」の評価の観点で評価を行っている。

　子供がLet's Watch and Thinkで登場人物が話す夢の時間割についてまとまった話をする様子を視聴し，その概要が分かり，教師の発問に答えたり，テキストの「登場人物」「職業」「夢の時間割」を視聴した内容に合わせて線で結んでいたりするかどうかを見取る。

　また，Activityでは，子供がペアで夢の時間割について尋ねたり答えたりしている様子を見取っていく。隣同士のペアでまずさせてみて，十分にやり取りができていない場合は，再度教師が個別に子供に夢の時間割について尋ねたり，他の子供にも一緒に尋ねさせたりする指導を入れ，別のペアで同様にやり取りをさせ，その様子を見取るようにするとよい。

（畠山　芽含）

［全8時間］『**We Can! 2**』※外国語教育強化地域拠点事業研究校の実践

I like my town. 外国語科
那珂川町を紹介しよう

単元の概要 ▷▷

　2020年度からの新小学校学習指導要領全面実施を見据え，本実践では，文部科学省指定「外国語教育強化地域拠点事業」研究校による「外国語科」としての例を紹介する。よって本実践例の単元目標，本時の目標，指導等は新小学校学習指導要領外国語科に沿ったものとなっている。また，評価については，現時点での中央教育審議会答申に沿ったものである。

1　単元で目指す子供の姿

　自分の住む町のよさや今後必要だと考える施設について，新しく来るALTに自分の住む那珂川町を紹介するために，自分の考えや気持ちを伝え合ったり，町紹介ミニポスターを書いたりすることができる。

2　指導者の願い

　那珂川町から「那珂川市」への市制施行を目前に迎えたこの時期に，自分の地域のよさを考え，紹介したり，町に必要な施設を考えたりすることで，自分の地域に更に愛着をもってほしい。

単元の目標：新学習指導要領 ▷▷

・地域にどのような施設があるのか，またこれからどんな施設があったらよいと思うのか，地域のよさなどを聞いたり，話したりすることができる。

（知識及び技能）

・地域のよさや課題などについて自分の考えや気持ちを伝え合ったり，例を参考に単語のまとまりを意識して書いたりする。

（思考力，判断力，表現力等）

・相手の反応を確認するなど，他者に配慮しながら，地域のよさなどについて伝え合おうとする。

（学びに向かう力，人間性等）

本単元の学習のポイント

　本単元は，自分の住む町を紹介する活動を中心としている。教材として使う施設のカードは，実際の地域の写真を使用する。そうすることで，より具体的によさを伝えようという意欲をもたせることができる。また，地域のパンフレットをつくる国語科の学習と関連を図ることで，より充実した内容を紹介することができた。常に，単元終末の活動を意識付けできるように単元計画表やモデルポスターを掲示し，何のために学習しているのか見通しをもたせた。

■言語材料

○ We have / don't have (parks). We can (see many flowers). We can enjoy [fishing / camping / swimming]. I want a (stadium). (Nakagawa) is nice.

○施設・建物など（amusement park, aquarium, swimming pool, stadium, roller coaster, Ferris wheel), nature, river, kingfisher, firefly, town

○動作（fishing, jogging, playing, reading, shopping, walking, camping, hiking, dancing, singing）

［既出］施設・建物（library, school, park），状態・気持ち，飲食物，動作，スポーツ，enjoy, have, want, buy, see, eat, play

■単元を通した子供の変容

　本単元の導入では，ALT からのビデオメッセージを視聴し，新しい先生に自分たちの住む那珂川町について知ってもらいたいと意欲をもつことができた。町にある施設，ない施設，町のよさを伝える表現と段階を踏みながら活動を仕組んだことで，子供たちが自信をもって表

> We have a nice library. We can enjoy reading books. It's nice.

現する姿が見られるようになった。毎時間「ポスターを見せながら発表するよ」「喜んでくれる紹介になるといいね」と単元終末の活動や読む相手がいることを意識させることで，意欲的に活動することができた。第 7 時の紹介では，「ALT の先生により分かりやすく伝えたい！」とジェスチャーを付けたり，相手の反応を見ながら間を取ったり，聞き手に配慮しながら伝える姿も見られた。ALT からのコメントに満足そうな姿が印象的だった。

子供の振り返りより

・ALT の先生を見ながら，できるだけゆっくり，ジェスチャーも付けて発表することをがんばりました。ALT の先生の町のよさも知ることができてよかったです。

・8 回この単元を学習して，英語で那珂川町のよさを紹介することができるようになってうれしかったです。これから生かしていきたいです。

目標
地域にある施設やない施設について聞いたり言ったりできるとともに，日本語と英語の語順の違いに気付く。

目標
地域のよさやその理由を伝え合ったり，地域でできることを伝える表現を書くことができる。

第1・2時	第3・4時

第1・2時

1 地域にある施設，ない施設を伝える表現を聞く
Small Talk：日本のよいところとその理由
○ ALT からのビデオメッセージを視聴し，単元のゴールを設定

> めあて：那珂川町にある施設やない施設の言い方を知ろう。

○町にある施設とない施設について考える
○ Let's Listen 1
　・自分の住む地域の音声を聞き，選ぶ。
○ポインティング・ゲーム（施設名）
○ Let's Chant：I like my town.

2 地域にはどのような施設があるか，ないかについてやり取りをする
○ Let's Chant：I like my town.

> めあて：那珂川町にある施設やない施設について聞いたり言ったりしよう。

○ Let's Listen 2
○メモリー・ゲーム
○ポインティング・ゲーム
　（We have ～．　We don't have ～．）
○ Let's Talk：町にある施設
○那珂川町にある施設やものを書き写す
○ Sounds and Letters

評価規準
・地域にある施設やない施設を聞いたり言ったりしている。
・日本語と英語の語順の違いに気付いている。

第3・4時

3 自分が住んでいる地域のよさについて，理由を付けて話したり，聞いたりする
○ Let's Chant：I like my town.
Small Talk：自分の町にない施設

> めあて：那珂川町のよさを理由をつけて言ったり聞いたりしよう。

○ Let's Listen 3
○ポインティング・ゲーム（jogging, camping, firefly, kingfisher など）
○ Let's Talk：自分の地域のよさやできること
○那珂川町の名前を書き写す
　（Nakagawa is nice.）
○ Sounds and Letters

4 好きなことや那珂川町でできることを尋ねたり答えたりする
○ Let's Chant：I like my town.
Small Talk：那珂川町にあるもの，好きな場所

> めあて：自分の好きなものや那珂川町でできることを伝えよう。

○ Let's Watch and Think 1 ①②
○カードマッチング・ゲーム
○インタビュー：好きな場所とその理由
○例文を参考に，那珂川町のおすすめの場所でできることを書く（We can ～.）
○ Sounds and Letters

評価規準
・地域のよさを伝える語句や表現を聞いたり言ったりする。
・地域のよさを理由を付けて話している。
・那珂川町の好きな場所とその理由を伝えている。
・例文を参考に好きな場所でできることを書いている。

第5・6時	第7・8時

第5・6時

5 那珂川町に欲しい施設やその理由（I like 〜.）を尋ねたり，伝えたりする

○ Let's Chant：I like my town.
  Small Talk：町の好きなところとその理由

> **めあて：那珂川町にほしいものをたずねたり，理由をつけて伝えたりできるようになろう。**

○ Let's Watch and Think 1 ③
○カードマッチング・ゲーム
○インタビュー：那珂川町に欲しいものとその理由（I want 〜. I like〜.）
○例文を参考にして，那珂川町に欲しい施設を書く（I want 〜.）

6 那珂川町について話してきたことをもとにALTへ紹介ミニポスターを書く

○ Let's Chant：I like my town.
  Small Talk：町に欲しい施設とその理由

> **めあて：ALT の先生に分かりやすく伝えるために那珂川町のミニポスターを書こう。**

○ Let's Watch and Think 2
  ・登場人物が自分の地域について説明し，欲しい施設について話す映像を視聴し，分かったことを記入する
○今までに書いてきたものを参考に，紹介ミニポスターを書く

> **評価規準**
> ・他者に配慮しながら那珂川町に欲しい施設を伝えようとしている。
> ・例を参考に，欲しい施設名を書いている。
> ・例文を参考に，自分の地域のよさや願いについて自分の思いを語句のまとまりに気を付けて書いている。

第7・8時

7 相手の反応を見るなど，他者に配慮しながら，那珂川町のよさや自分たちの願いについて発表する

○ Let's Chant：I like my town.
  Small Talk：那珂川町のよさ
○ ALT の地域紹介

> **めあて：自分たちの考える那珂川町のよさを ALT の先生に紹介しよう。**

○グループで発表の確認をし，アドバイスをし合う
○ ALT の先生へ那珂川町のよさを紹介する

8 音声で十分に慣れ親しんだ語を推測しながら読んだり，短い話を聞いてその意味が分かる

○ Let's Chant：I like my town.
  Small Talk：私たちの那珂川町

> **めあて：友達の書いたミニポスターや絵本を読もう。**

○作ったミニポスターを読む
○ STORY TIME
  ・デジタル教材の絵本の読み聞かせを聞く。
  ・読んでいる文字を指で追う。
  ・似ている発音の言葉を見つけて一緒に言う。

> **評価規準**
> ・相手の反応を確かめ，他者に配慮しながら自分の住む地域のよさを紹介している。
> ・友達のポスターを推測しながら読もうとしている。
> ・絵本などの短い話を聞いて，おおよその内容が分かっている。

（第5時／全8時）

那珂川町に欲しい施設やその理由を尋ねたり，伝えたりすることができるようになろう

本時の目標 ▷▷

○那珂川町に欲しい施設とその理由を尋ねたり，伝えたりすることができる。
○那珂川町に欲しい施設を，例文を参考に単語のまとまりを意識して書くことができる。

準備する物 ▷▷

○絵カード（教師用・児童用），○デジタル教材，○インタビューシート，
○ワークシート，○振り返りシート

指導体制について ▷▷

　本時はティーム・ティーチングで行った。T1 は，HRT で授業の進行，子供の指名，評価を中心に行った。発音，文字や英語表現の書き方については，T2 である JTE（専門性を生かした日本人英語担当教師）が専門性を生かし中心となって進めた。

本時で目指す姿 ▷▷

　自分の住む那珂川町に欲しい施設とその理由を尋ねたり伝えたりできるようにする。
　那珂川町に欲しい施設を単語のまとまりを意識して丁寧に書くことができるようにする。

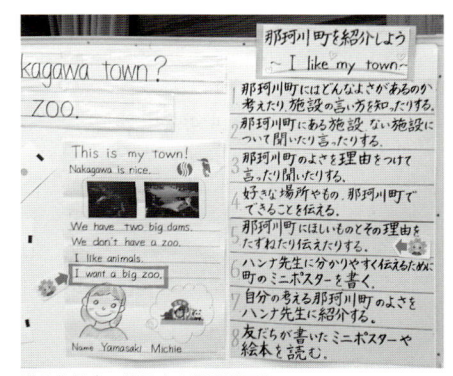

導入と終末で使用する学習計画表

HRT と JTE のデモンストレーションの様子

45分間の流れ

Small Talk では，那珂川町の好きな場所とそこでできることについての教師によるまとまった話を聞いた後，ペアで同じテーマで対話する。What do you like about Nakagawa town?　I like 〜. We can see 〜. など既習表現等を使って伝え合う。1回目が終わった後，分からない表現，使って欲しい表現を確認し，ペアを替えてもう一度対話を行う。

　指導者二人の英語での会話と単元計画表から，今日は那珂川町に欲しい施設とその理由を尋ねたり答えたりすることができるようになるという本時のめあてをつかむ。伝える相手である ALT の写真と「市になります」のロゴマーク，那珂川町ホームページのカウントダウン・カレンダーを基に具体的なイメージをもつ。

　マッチング・ゲームやインタビューを通して，自分の町に欲しい施設とその理由を尋ねたり，答えたりする。I want a 〜. と I like〜. の表現を使って，欲しいものとその理由が合うとカードがもらえるマッチング・ゲームの後，インタビューで，自分の思いを伝える。

　音声で十分に慣れ親しんだ I want a 〜. の表現をワークシートに書く。全体で I want a の書き方までを確認し，その後は，リストから自分が欲しいものを選び，なぞり書きをして文章として書く。教師はこの活動が，紹介ポスターづくりにつながるという声かけを行い丁寧に書くよう促していく。

I like my town.
那珂川町を紹介しよう

Chant ：2分

JTE：First is slowly.　Are you ready?

Ss：OK.（デジタル教材を活用し，チャンツ"I like my town."を言う）

JET：Do you like your town, Nakagawa town?

Ss：Yes!

JTE：Great! じゃあ，その気持ちを込めて言ってみよう。Smile, please.
Let's do the chant. Normal version. Let's start.

> **Point** チャンツは，毎時間の最初に，本時で扱う表現の練習として行う。子供たちはリズムに乗ってチャンツをすることを好む。できるだけ機械的にならないように，ジェスチャーを入れたり，表情を付けたりすることも必要である。

Small Talk ：5分

HRT：Let's have Small Talk.

JTE：Hello. What do you like about Nakagawa town?

HRT：I like Nakagawa camping site.

JTE：Oh, camping site! Why?

HRT：We can enjoy camping and BBQ. I like BBQ.
It's fun. How about you?

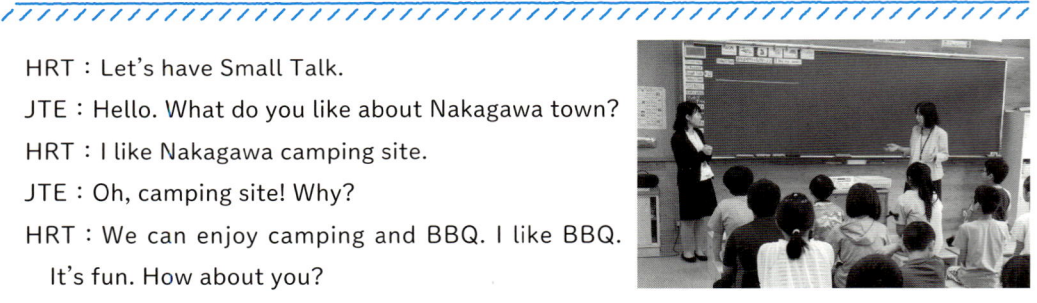

JTE：I like Arahito shrine. We can see Yabusame. It's so exciting. Do you like Yabusame?

HRT：Yes, I do.　I like Yabusame.

JTE：Good. Thank you.

HRT：Please make pairs. Today's topic is?

Ss：What do you like about Nakagawa town?

> **Point** Small Talk では，既習の表現を使ってやり取りをする。本時は，ティーム・ティーチングによる指導のため，教師同士のやり取りを聞かせた後に，前時で学習した表現を使って子供同士で対話をさせた。担任一人での授業の際は，教師と子供のやり取りの後，ペアで対話をさせるとよい。

英語でどう言えばいい
のか分からなかった言
葉はない？

1回目の Small Talk が終わった後に，伝えたかったけれど言えなかった言葉を確認する。既習事項は，学級全体で想起をする。このとき使わせたい語句や表現は JTE が中心となり，全体で確認をする。確認や質問などしている子供について評価して広める。

2回目の Small Talk は，相手を替えて同じ話題で対話する。1回目よりも慣れてきているので，自分の使いたい表現を使って笑顔でやり取りをする子供も増えた。1回目上手く話せなかった子供も全体確認や友達が話す内容を聞いて対話を続けることができた。

■子供同士の Small Talk での実際のやり取り

S1：Hello. What do you like about Nakagawa town?

S2：I like Mirika swimming pool.

S1：Pool! Why?

S2：We can enjoy swimming.（ジェスチャー）
　　What do you like about Nakagawa town?

S1：We have Nakanoshima park. We can see many fireflies. It's（They're）beautiful.

S2：I see. Nakanoshima park, We can see kingfishers, too. It's（They're）beautiful.

子供の発語をそのまま記載したため，（　）内に正しい表現を記載した。

※ジェスチャーをする姿より，相手に伝えようとする姿を称賛することで，全体にそのよさを広げることができる。質問を返すときには，How about you? を使ったり，I see. Me, too. など相づちを打ったりするなど会話を続ける表現も指導し，繰り返し使っていくことで，表現の定着を図ることができる。

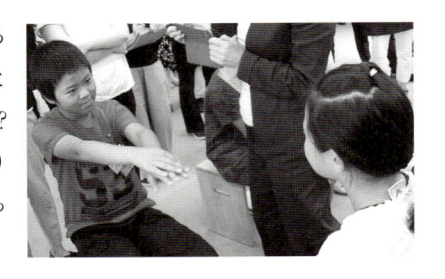

I like my town.
那珂川町を紹介しよう

Let's Watch and Think ：6分

HRT：Next is "Let's Watch and Think 1". Open your textbook to page 29.

Let's read it together, one, two.［見出しを日本語で読む］Today is No.3. Let's start.

映像視聴後

HRT：どんな言葉が聞こえたかな？　Let's check with your friends.

> **Point** Let's Watch and Think は，映像を見ながら英語でまとまりのある話を聞き，その内容を推測したり概要を捉えたりする活動である。視聴後，ペアでどんな内容だったか話し合う時間を設定する。そうすることで，聞き取った単語や表現について一人一人が発話する機会をつくることができる。

Let's Play　マッチング・ゲーム ：8分

HRT：Next is the matching game.　First, spread the cards face up.

JTE：Repeat after me and turn over the cards. I want a big zoo.

Ss：I want a big zoo.［繰り返しながら, そのカードを見つけ裏返す］

HRT：（全部のカードを裏返したことを確認して）We will do a demonstration. Look at us.

JTE：Ask a question to your partner. My partner is Yamasaki *sensei*. What do you want for Nakagawa town? Everyone, please ask with me, one, two.

JTE & Ss：What do you want for Nakagawa town?

HRT：［ピンクシールの施設カードを1枚めくる］I want a new aquarium.

JTE：You want a new aquarium. Why?

HRT：［理由カードを1枚めくる］I like soccer.　Matched?

Ss：No!

HRT：Not matched, turn over the cards.　Matched, you can take the cards.

> **Point** ゲームの前には，HRT と JTE でデモンストレーションを行う。ジェスチャーを使いながら簡単な英語表現を使って説明をする。カードをめくるときに，必ず I want a 〜 . I like 〜 . の表現を言うことを確認しておく。

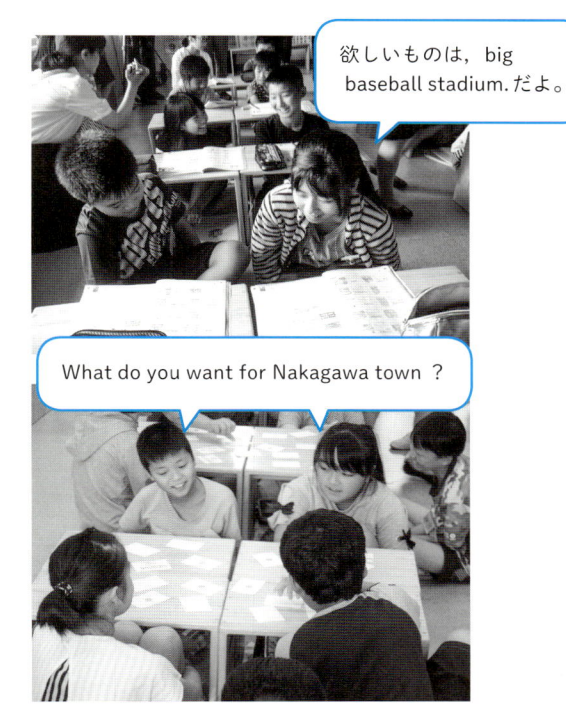

欲しいものは，big baseball stadium. だよ。

What do you want for Nakagawa town ？

映像視聴後，聞き取った言葉について ペアで話し合うことで，内容を確かめ，自分の考えに自信をもつことができる。欲しい施設は，I want 〜 . で表現できることに気付いたり，stadium だけでなく，big や baseball と言ったりしている様子を確認することができた。

マッチング・ゲームは，楽しみながら繰り返し表現を聞いたり言ったりする活動である。今回は 4 人グループで行い，表現が分からないときには，友達に聞き協力して進めるようにした。互いに教え合うことができる雰囲気づくりも外国語科の授業で大切にしている。

■板書

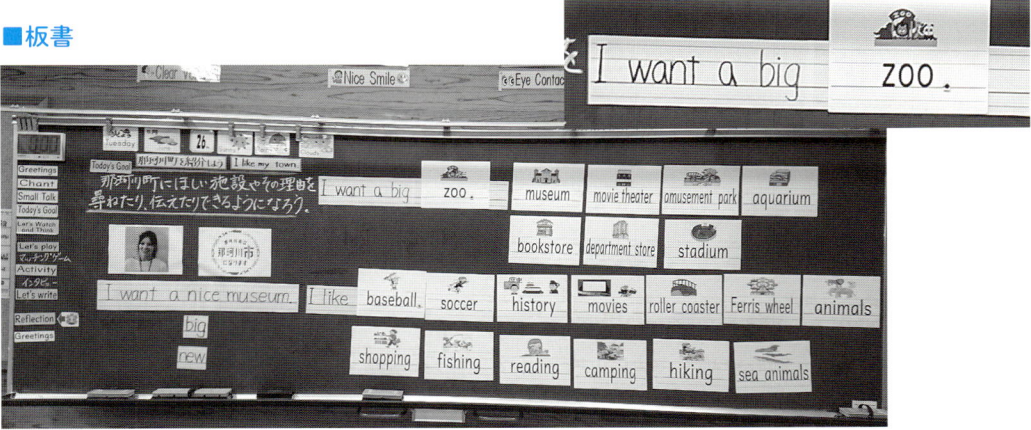

　黒板の左端には，本時の流れをカードにして掲示し，活動を進めるときに，矢印を動かしていく。そうすることで全ての子供が 1 時間の学習の見通しをもって活動ができる。マッチング・ゲームのカードや板書用の絵カードの単語には，4 線を使用するとともに，表現用のセンテンスカードの 4 線の幅と同じになるように工夫をした。絵カードの部分を替えるだけで，いろいろな表現をすることができることも視覚的に分かるようにした。板書用絵カードのデータを基に，印刷機のレイアウト機能（8 枚を 1 枚に）を活用すると，簡単にマッチングゲーム用の絵カードを作成することもできる。

I like my town.
那珂川町を紹介しよう

インタビュー：12分

HRT：Next is 'interviewing'. We will do a demonstration. Look at us.

JTE：Yamasaki *sensei*, what do you want for Nakagawa town?

HRT：I want a big zoo.（手を広げて大きいというジェスチャーをしながら）I like animals.

JTE：Oh, you want a big zoo. Nice idea.

HRT：How about you, Uchida *sensei*?

JTE：I want a nice museum. I like history. So, I want a nice museum.

HRT：Oh, you like history. Good.

JTE：Thank you! （二人ともインタビューシートにメモをとって，子供に見せる）

HRT：Next, your turn. Please make pairs. Let's talk with your friends. Stand up. Let's start.

> **Point** デモンストレーションでは表現とともに，共感的な聞き方や笑顔で目線を合わせることなど，手本となる姿を提示する。中間評価でさらに意識付けさせるとよい。

Let's Write：7分

HRT：Next is 'Writing Time'. （ワークシートを配付する。）Please write your name.

JTE：一番上の文章は，何と書いてあるかな。　Ss：I want a big amusement park.

JTE：よく読めたね。インタビューで自分の欲しいもの伝えたね。今から那珂川町に欲しいものを書くよ。はじめは，「I」。次の「want」はどう書いてある？

Ss：w-a-n-t（アルファベット文字の名称の読み方で）

JTE：w-a-n-t. want だよね。単語だから，まとめて書くよ。次は，「a」。単語と単語の間にはスペースをあけるよ。次は自分で選んでね。先生は「nice」。その後は，欲しい施設をなぞってから，書きます。文字の形や単語のまとまりに気を付けよう。（ほぼ書き終わったら）Look at the board. 何か付け忘れているものがあるね。文章の終わりには？

Ss：ピリオド！

JTE：みんなを見ていたら，まだ付けていない人がたくさんいたよ。Please write a period.

> **Point** 音声で十分に慣れ親しんだ表現を書くようにする。手元に手本を準備し，「伝えたい単語をなぞり書き→自分で四線上に書く」の手順で進める。机間指導で個別に確認をし，不十分な点は全体で再度確認するなど丁寧な指導を行う。

I want a big department store.
I like shopping!

文章の終わりには，必ず「ピリオド」を
付けるんだよね。Here. 第3線だったね。

中間評価では，I want a new 〜.
などの表現を使うことができている
子供や目線や相づちなど，聞き方・
話し方でよかった子供を称賛した。
よさを共有したことで，後半の活動
では，自分の欲しい施設を文で伝え
たり，笑顔で相手に共感しながら反
応したりする子供が増えた。

自分の町に合わせたワークシート
を作成した。「ALT の先生が読みや
すいように」と相手意識をもたせ，
書くときには，単語のまとまり，語
と語の区切り，ピリオドについて助
言をする。形容詞を入れることで，
選択肢をつくるとともに，冠詞で戸
惑うことがないよう工夫した。

■ 「自分の思いを伝える」ときの留意点

　インタビューでは，その施設が欲しい理由を伝えるときに，I like 〜. とマッチング・ゲームで使った表現しか使えない子供が多かった。自分の思い（理由）を伝えるためには，We can enjoy 〜. や動物の名前など既習表現や具体例なども使えることをインタビューの前に確認をすると，思考力，判断力がより働き，それぞれの自分の思いを伝えることができたと考える。

評価の考え方 //

　本時の「尋ねたり伝えたりできる」という知識・技能面は，インタビューなどの様子を行動観察し，記録したものと子供の振り返りシートの自己評価を参考に評価する。「書くこと」は，授業中の机間指導とワークシートで単語のまとまりを意識できているかを評価する。

【Unit 4 那珂川町を紹介しよう　〜I like my town〜 】

（内田 綾）

第2章

外国語活動・外国語科 授業ステップアップ編

ティーム・ティーチングを生かした授業

▷▷ ティーム・ティーチングにおける学級担任と ALT の役割

　外国語活動や外国語科ではいろいろな授業形態が考えられる。その中でも，学級担任とALT のティーム・ティーチングは，子供が実際に英語でのコミュニケーションを体験しやすく，学級担任がいることで安心して活動できる形態である。その際，学級担任と ALT がそれぞれの役割を踏まえ，指導の分担を行うことが大切である。

	指導者としての立場や特性	授業で担うべき役割
学級担任●	・子供の実態を理解している ・子供と信頼関係がある ・他教科等の学習内容を把握している ・自身が英語を学ぶ立場である	●子供の発達の段階や興味・関心に合った授業プランを立てる ●子供の様子を見ながら授業を進行する（T1） ●子供と ALT をつなぐ →子供の代表として質問したり，児童役として ALT と会話したりする ●学習者のモデルとして，積極的に英語を使おうとする ●目標に照らして評価する
ALT◆	・母語として英語を提供できる ・母国の文化等を発信できる ・英語でのコミュニケーションの相手となる	◆学級担任の授業の進行を補佐する（T2） ◆英語を繰り返し聞かせる（英語話者の見本） ◆英語で子供と会話する（コミュニケーションの相手） ◆母国の文化等を紹介する（外国文化等のプレゼンター） ◆学級担任が評価する際に主に技能等で補助をする
両方○	・コミュニケーションの図り方の見本を提示する	○活動の仕方をデモンストレーションで示す

▷▷ 学級担任と ALT のティーム・ティーチングのポイント

　ティーム・ティーチングを効果的に実践するためには，次のようなポイントに留意することが大切である。どちらかというと，授業中より授業前や授業後の二人の指導者のコミュニケーションが重要であると考える。

（1）学級担任が ALT の役割（進行の補佐・英語話者の見本・コミュニケーションの相手・プレゼンター）を理解する。

（2）授業前や授業中でも学級担任が ALT に担当して欲しいことを，できるだけ具体的に伝える。

（3）授業後に学級担任と ALT で今日の授業でよかったところ（指導の工夫で）を伝え合う。

▷▷ 新教材の各種活動における ティーム・ティーチングの実際

　授業前と後の指導者同士のコミュニケーションを大事にした上で，学級担任が授業プランを立てる段階で役割分担のイメージを描き，ALT に具体的に伝える。新教材を扱う指導例で次のような役割分担が考えられる。

新教材をティーム・ティーチングで扱う際の役割分担例について

新教材の活動	学級担任の役割●	ALT の役割◆
Let's Listen または Let's Watch and Think	進行役●デジタル教材を視聴して取り組む活動（例：人物と好きなものを線で結ぶ等）について説明し，目的意識をもたせて視聴させる。 ALT とのつなぎ●答え合わせの後に子供が困ったことについて ALT に質問させ，学習のフィードバックをする。	相手◆デジタル教材を視聴する前に，テキストの写真やイラスト等の視覚資料について子供とやり取りをし，場面設定等の情報を事前につかませておく。 相手◆答え合わせで終わらせずに，内容について子供の気持ちや考えを引き出しながら，やり取りをする。
Small Talk	進行役●　見本◆　学級担任と ALT の2人で，デモンストレーションをする。その日のトピックについて授業で扱う表現を入れて会話する。	
	『We Can! 1・2』 ALT とのつなぎ●デモンストレーションの後，ALT が子供と対話する活動を促し，自身は子供の支援を行う。 ALT とのつなぎ●活動の後で，困ったことはないかと投げかけ，子供の質問に対して ALT に答えてもらいながら，疑問を解消させる。	『We Can! 1』：指導者と子供との会話 相手◆デモンストレーションの後，数人の子供へ質問しながらそのトピックについて全体の前で子供と会話する。 『We Can! 2』：子供と子供との会話 相手◆子供同士の活動の場合は，ALT も子供とペアになって会話する。 見本◆活動の後で質問に答える。
STORY TIME	進行役●音声視聴前にテキストのイラストを基に場面の状況を予想させる。 進行役●視聴後に聞き取れた表現等を尋ねて，話の内容を捉えさせる。 ALT とのつなぎ●何度も聞こえた音があったかと尋ねて，ライムに着目させながら，再度聞かせたり ALT と一緒に発話させたりして確かめさせる。	見本◆音声の視聴後に聞き取れた表現を出し合う中で，それらの表現を発話して子供に何度か聞かせて確かめさせる。 見本◆着目したライムを何度も発話したり，子供と一緒に文を読んだりしながら，発音と文字との関係に気付かせる。
Let's Read and Write	進行役●ワークシートを配布し，今日の基本の文を写し書きさせる。 ALT とのつなぎ●読んでみようと投げかけ，基本文を読ませる。ALT の発話を聞かせながら確かめさせる。	進行の補佐◆写し書きの仕方を説明する。単語と単語の間の空白を特に注意するよう促す。 見本◆本時の基本文を発音し，正しい読み方を確認させる。

（福田　優子）

効果的に短時間学習を行うために

　新学習指導要領の全面実施に向け，中・高学年がそれぞれ年間 35 単位時間増となる時数確保のため，短時間学習を含めた弾力的な授業時間の設定が求められている。短時間学習は，教育課程全体を通したカリキュラム・マネジメントの一つとして実施されるが，たとえ短時間と言っても校時表の中にその時間を組み込むことは簡単ではない。だからこそ，短時間学習に取り組む学校では，以下に示すようなポイントを踏まえた，より効果的な実践を行いたい。

▶▶ 短時間学習の二つの形

　短時間学習は，1 単位時間（小学校では 45 分が標準）に満たない時間での学習である。現状では，それらの学習を，授業時数としてカウントする対象（教育課程の中で明確に位置付けられているもの）とするか，授業時数とはカウントせずに授業を補充するための学習とするか，二つに判別される。授業時数としてカウントする場合は，通常の 1 単位時間の授業と並行して実施され，教育課程での明確な位置付けが必要である。補充学習の場合は，子供の学習の状況から内容や方法を適宜変更するなど弾力的な運用も可能となる。なお，中学年における外国語活動についての短時間学習の設定については，「答申」において「中学年においては，年間 35 単位時間，週当たり 1 コマ相当の外国語活動を，短時間学習で実施することは困難であり，小学校の教育課程全体を見通して弾力的な時間割編成を行っていくことが必要である」と記されていることを踏まえ，各校において教育課程の工夫をする必要がある。

【中学年】外国語活動＝補充学習で行うほうが適する。
【高学年】外国語科＝授業時数でカウントしても補充学習でも可能。

▶▶ 短時間学習を含む単元計画の立て方

■授業時数としてカウントする短時間学習の場合（外国語科）

　毎週 1 回，短時間学習の時間を設定すると，年間では 35 週として 35 回の短時間学習が設定できる。しかし，実際には学校行事等で日課の変更があり，確実に実施できるのは年間 25 〜

30回程度である。毎回15分間の短時間学習であれば，3回で1単位時間分の授業となる。15分間の短時間学習を年間27回実施して9単位時間の授業とカウントするくらいが，多くの学校の実態を考えると，適当であると考える。

　27回の短時間学習を年間70時数の外国語科の教育課程に位置付けるとする。第5学年『We Can! 1』も第6学年『We Can! 2』も9単元あるが，1単元の時数は7時間〜8時間の構成になっている。そこで，1単元に3回ずつの短時間学習（1単位時間の授業分）を設定すれば，1年間で27回実施となる。3回の短時間学習を含めた単元計画の作成の仕方については，まず単元全体から短時間学習として設定可能な活動を選び出す。単元の中盤から後半にかけて，既習内容の復習や学習の方法が分かっているもの，個人で時間差が出にくい一斉での活動等が短時間学習に適すると思われる。活動数は短時間学習1回につき多くても二つ程度が適切と考えられる。

- ・15分間の短時間学習を，年間27回実施＝9単位時間の授業時数にカウント
- ・1単元に3回程度を実施　・1回につき，一つか二つの活動
- ・個人の取組の時間差が出にくい一斉での活動，スムーズに取り組める活動
- （既習内容の復習や表現や語彙に慣れ親しむ活動，学習の方法が分かっている活動を設定）
- （書く活動の場合は簡単で少ない量で設定）

例：『We Can! 2』　Unit 5　My Summer Vacation 夏休みの思い出

文部科学省 HP の『We Can! 2』指導案例をもとに8時間扱いの単元を【7時間＋短時間学習3回】に改編

※1回目の短時間学習は，第2時の授業が終了後に行う。　※4週間で扱う単元として設定する。
※第7時の授業は3回目の短時間学習が終了した後に行う。　※下記には実質の活動時間のみを記載

	1単位時間の授業における活動	短時間学習の内容
第1時	Small Talk 8分 / Let's Listen ① 10分 / Let's Play 8分 / Let's Talk 8分 / Let's Read and Write ① 5分	◆ Small Talk：夏休みの思い出（場所・感想）（L3 より・9分） ◆ Let's Chant：Summer Vacation（L3 より・5分）
第2時	Let's Play 5分 / Let's Watch and Think ① 8分 / Let's Play 5分 / Let's Chant 5分 / Let's Talk 8分 / Let's Read and Write ② 5分 / Sounds and Letters ① 5分	
第3時	Let's Chant 5分 / Let's Play 11分 / Let's Listen ② 12分 / Let's Read and Write ③ 7分 / Sounds and Letters ② 5分	◆ Let's Listen ③（P38・L6 より・9分） ◆ Sounds and Letters ③（L6 より・5分）
第4時	Let's Chant 5分 / Let's Listen ② 10分 / Let's Play 7分 / Let's Talk 8分 / Let's Read and Write ④ 5分 / Sounds and Letters ③ 5分	
第5時	Small Talk 9分 / Let's Watch and Think ② 8分 / Matching Game 10分 / Let's Talk 8分 / Let's Read and Write ⑤ 5分	◆ Small Talk：夏休みの思い出（場所・楽しんだこと・感想）（L7 より・5分） ◆ STORY TIME（P41・L8 より・9分）
第6時	Let's Chant 4分 / Destiny Game 8分 / Let's Read and Watch（P39）10分 / Let's Read and Write ⑥ 8分 / Activity（P40）10分	
第7時	Small Talk 9分 / Let's Read and Write ⑦ 15分 / 『だれのアルバムか考えよう』16分	

　短時間学習は時間との勝負であり，ICT機器の活用は大変効果的であるが，タイムロスが出ないように機器の事前準備が必要である。短時間学習に限らないが，子供がチャイムが鳴る前に着席するなど，学習規律がしっかり守られる学級であることは当然のことである。

（福田　優子）

学習に困難さがある子供への指導をどうするか

▶▶ 特別支援教育から見る 外国語活動・外国語科の授業とは？

1　特別支援教育の現状

　平成19年に学校教育法が改正され，それまでの特殊教育は，「特別支援教育」として全ての学校で行われることとなった。さらに時を経て，平成24年7月には，文部科学省中央教育審議会より「共生社会の形成に向けたインクルーシブ教育システム構築のための特別支援教育の推進」が提言され，次のような文言が示された。

> 　基本的な方向性としては，障害のある子どもと障害のない子どもが，できるだけ同じ場で共に学ぶことを目指すべきである。その場合には，それぞれの子どもが，授業内容が分かり学習活動に参加している実感・達成感を持ちながら，充実した時間を過ごしつつ，生きる力を身に付けていけるかどうか，これが最も本質的な視点であり，そのための環境整備が必要である。

　こうした社会背景の変化により，子供たち一人一人が多様であることを前提に，障害の有無に関わりなく，誰もが望めば自分に合った配慮を受けつつ，地域の通常学級で共に学べるようになったのである。今回の新学習指導要領は，国連の「障害者の権利に関する条約」に我が国が批准してから初めての改訂となる。そのため，随所に「共生社会」に向けた理念が盛り込まれている。『小学校学習指導要領（平成29年告示）解説　総則編』第3章第4節2（1）「①児童の障害の状態等に応じた指導の工夫」には，次のような具体的な記述もある。

> 　障害のある児童などには，視覚障害，聴覚障害，知的障害，肢体不自由，病弱・身体虚弱，言語障害，情緒障害，自閉症，LD（学習障害），ADHD（注意欠陥多動性障害）などのほか，学習面又は行動面において困難のある児童で発達障害の可能性のある者も含まれている。このような障害の種類や程度を的確に把握した上で，障害のある児童などの「困難さ」に対する「指導上の工夫の意図」を理解し，個に応じた様々な「手立て」を検討し，指導に当たっていく必要がある。

また，総則のほか，各教科等の解説においても障害のある子供について触れられており，具体的な指導方法の工夫や配慮例も挙げられている。

　これらのことを踏まえ，今後，教師には，全ての通常学級に教育上特別な配慮を必要とする子供たちが在籍している可能性があることを前提に，特別支援教育の目的や意義を正しく理解することが求められる。さらには，新学習指導要領の総則第1章第4節2(1)アに，「個々の児童の障害の状態等に応じた指導内容や指導方法の工夫を組織的かつ計画的に行うものとする」とあるように，これまで以上に学校組織として特別支援教育に取り組むことが重要となっている。本稿では，教育上特別な支援を必要とする子供が通常学級で学ぶ場合を想定し，外国語活動・外国語科の授業の特性を踏まえながら，その指導の在り方や指導上の留意点について考えたい。

2　外国語活動・外国語科の授業の特徴

　外国語や外国語活動の授業は，次のような特徴をもっている。

- ・外国語は，母語である日本語よりも抑揚があり，表情や動きを伴うことが多い英語を取り扱うことを原則としている。
- ・音声（話すこと・聞くこと）中心で授業が展開される。
- ・視覚情報（絵カード，ICT 教材，絵本等）が多い。
- ・ペアやグループワークなど，友達と関わる活動が多い。
- ・ALT や地域人材等，様々な立場の指導者が授業に入ることが多い。

　こうした授業の特徴を，特別支援教育の視点で見るとどうであろうか。例えば，聴覚に障害がある子供にとって，音声中心で進む外国語活動・外国語科の授業は，当然ながら困難さが伴うであろう。つまり，個々の子供の個性，学び方の違いによって，外国語活動・外国語科の授業の特徴は，時には長所となったり，短所となったりするのである。そこで，まず大切なことは，個々の子供の特性や困難さを的確に把握することである。「何ができて，何に困っているのか」等，一人一人の実態を明らかにすることで，それに応じた手立てを講じることができる。

▶▶ 授業づくりの基盤になるものは？

1　授業を支える学級集団づくり

　子供は誰もが「認められたい」という願いをもっている。「学び方」「感じ方」などの違いや障害の有無にかかわらず，どの子供にも教室の中に安心して過ごせる居場所があり，学級の一員としての所属感をもちつつ，楽しく学校生活が送れるような学級集団でありたい。「みんな

が同じであること」が優先されるような学級では，ともすれば「違い」を排斥するような雰囲気が生まれ，障害のある子供がその特性ゆえに特別視されたり居場所を失ったりしてしまうことが懸念される。

　共に学ぶ全ての子供たちが，それぞれのよさや個性を発揮しつつ生き生きと学習活動に参加し，「分かった」「できた」という喜びや達成感が味わえるような授業は，違いを個性として認め，互いを尊重し合う「支持的風土」のある学級集団づくりからスタートする。

2　教室・学習環境の整備

　次に，大切となるのが，全ての子供たちが落ち着いて学習に臨めるように「教室・学習環境」を整備することである。手立ての一例を挙げる。

○採光や照明，まぶしさ等について検査し，教室環境を整える。視覚刺激に敏感な子供が授業に集中できるよう，黒板回りの掲示物を最小限にする。

○パソコンや電子黒板等の機器は，安全面に配慮して設置する。

○個々の困り度に応じて，座席の最適化を図る。

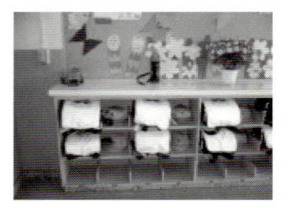

○ランドセルや体操服，水筒等，持ち物の置き場を分かりやすく明示する。一人ずつのケースを用意したり，テープで置き場所を示したりして，整理しやすい工夫を行う。

○登校したら，ランドセルの中の物を全て机の中に入れる等，「いつ」「何を」「どのようにするか」等具体的な手順を決め，明示しておく。

○予め，1日，1時間のスケジュールなどを示し，活動の見通しがもてるようにする。

○きちんとできた状態を絵や写真で示すなどして，教材等の準備の仕方を視覚的に示す。

○指導者が情報を伝える際は，ゆっくり話すとともに，文字や絵などを使って視覚的に示し理解を助けるようにする。

○子供たちと一緒に学級の約束事を決め，「着席はチャイムの5分前」などのルールを分かりやすいように教室や廊下に掲示する。

　こうした手立ては，障害の有無にかかわらず，全ての子供が安心して生活できる環境を生む。

▶▶ 困難さがある子供への指導はどうするか？

　子供がもつ障害や個性により，学習活動を行う際に生じる困難さは多様であり，通常学級や通級による指導，特別支援学級など，子供が学ぶ場や状況によっても，支援，指導の在り方が異なってくるであろう。

　ここでは，通常学級で，学級担任もしくは外国語活動担当の教師が外国語の授業を行う場合

を想定し，学習で生じる困難さの中から，「見ること」「聞くこと」「話すこと」「落ち着いて学習すること」への困難さに焦点を当て，指導や支援の在り方の工夫の一例を示す。

1　外国語活動・外国語科の授業で大切にしたいこと

　特別支援教育の核となるのは，障害の有無にかかわらず共に学ぶ全ての子供たちの健やかな成長を願う，教師の想いだと考える。その想いがエネルギーとなり，個に応じた様々な支援につながる。特別支援教育の視点を踏まえ，外国語活動・外国語科の授業で常に大切にしたいことを挙げる。

- ○子供の実態をよく把握し，興味・関心に沿った，「心が動く」授業づくりに努める。
- ○全員が同じようにできることを求めるのではなく，個々のよさを生かす授業づくりをする。
- ○ペアやグループ，全体での「学び合い」を大切にし，誰もが活躍し認められる場をつくる。
- ○一人一人に目を配り，理解度を常に確認し，それに応じた支援をしつつ授業を進める。
- ○一人一人の自尊感情を高め，他者理解を促し，多様性を認め合う仲間づくりにつなげる。
- ○授業の流れをある程度固定化し，1時間の活動の順序や大切なポイントを視覚化する。
- ○スモールステップで授業を進め，活動方法については，段階的にモデル（指導者同士，指導者と子供など）を示すなどして，誰もが安心して活動に臨めるようにする。
- ○困ったときには誰にでも助けが求められる，間違いが受容される雰囲気をつくる。
- ○視覚，聴覚，触覚等，様々な感覚を刺激する多様な活動や教材・教具を取り入れる。

2　見ることに困難さがある子供への支援

テキスト・絵カード ┈┈┈┈┈┈┈┈┈┈┈┈┈┈┈┈┈┈┈┈┈┈┈┈┈┈┈┈┈┈┈┈┈

　見ることへの困難さには，視力や視野，色覚等の障害が考えられるが，この度，文部科学省が作成した新教材は，「通常版」の他に，「点字版」「拡大版」（※拡大版は3種類）があり，子供の教育的ニーズに応じてテキストが選択できるようになっている。また，外国語活動・外国語科の授業では，テキスト以外にも，デジタル教材や絵カード等が使用され，視覚からの情報が多く得られる。それらの視覚情報が，見ることに困難さがある子供にも確実に届く手立てを講じたい。

　例えば，絵カードを作成する際は，用紙サイズや絵・文字の大きさに留意する。カードのサイズをA4サイズ以上にしたり，絵と文字の大きさもバランスを考えながら可能な限り大きくしたりして，見やすい工

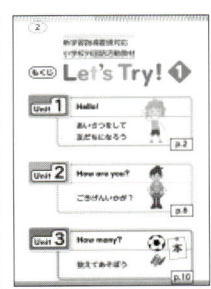

『Let's Try! 1』（通常版）『Let's Try! 1』（拡大版）

夫をする。また，絵カードをラミネート加工する場合が多いと思われるが，角度によっては光が反射し見づらい場合がある。

教師は，様々な視点から，子供目線に立った細やかな配慮をしたい。

ワークシート・筆記用具

高学年では，教科化に伴い，文字を書く活動が導入される。そのため，使用する4線にも配慮が必要となる。文部科学省作成の新教材『We Can! 1・2』に掲載されている4線は，右のとおり第2線と第3線の間隔が広くなっている。これは，見ることや指先の運動機能等に困難さがある子供にとっての負担を軽減させるための手立てである。

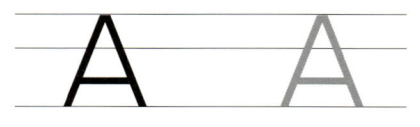

文部科学省作成「5年ワークシート」より

教室にいる個々の子供の実態は異なる。教師は，その実態に合った，より適切な教材や教具を提示できるようにしたい。ワークシートの用紙の質や筆記用具についても同様で，困り度や活動のねらいに応じて選択するとよい。

板書

ひと目で分かる，誰もが理解しやすい板書に努めるようにする。そのためには，絵カードや英語の表現などの提示も最小限にし，文字の大きさや量，チョークの色等への配慮が必要である。

『小学校学習指導要領（平成29年告示）解説　外国語編』にも述べられているとおり，英語の語彙や表現等を提示する際は，字体や行を整えたり，カードを貼る位置や順番に気を付けたり，単語と単語の間隔を広めにしたり，大切な単語には色を付けて目立つ工夫をしたりして見やすさへの配慮を行う。

加えて，黒板の場合は，使用するチョークの色にも気を付けたい。視覚的ノイズにならないよう使用する色の種類は極力抑えるとともに，識別しやすい色を選ぶようにする。

3　聞くことに困難さがある子供への支援

聴覚刺激

騒音の中で必要な音声を聞き取ることが苦手な子供がいる。また，聴覚過敏で騒音が大変気になる子供などもいる。外国語活動・外国語科の授業では，その特性から，聴覚からの刺激を受けやすい。そのため，それらを軽減するための配慮が必要となる。

椅子の脚に古いテニスボールを取り付けたり，クッションを巻き

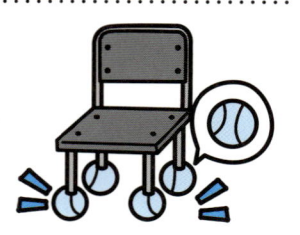

付けたりして，教室内の騒音を和らげるような工夫ができる。また，グループ内で発表を行う際にも，配慮が必要な子供にとって友達の声が一番聞き取りやすい席を選んだり，発表順を決めて誰が発表しているのかを分かりやすくしたりして，困難さを軽減する手立てを講じたい。

教師の話し方

　子供にとっては，日常生活の中ではほとんど耳にしたり使ったりすることがない英語である。外国語活動・外国語科の授業が，英語の音声中心に進められるということは，聴覚に障害がある子供にとっては非常に大きな困難を伴うであろう。ともすれば，「何を言っているか分からない」と不安感を抱き，それが劣等感や意欲の低下につながることが懸念される。

　そこで，教師は，指示を出したり英語を話したりする際には十分な配慮をしたい。例えば，教室全体を見渡しながらも，意図的に対象となる子供の近くに立ち，口元が見えるよう顔を向けて話すようにする。また，その際は，表情豊かに，ジェスチャーを付け，絵や写真などの情報を伴いながら，焦点を絞って短くはっきりと話す。加えて，机間指導をしながら再度耳元で言うなどの支援も大切であろう。

文字・発音

　絵や写真同様，文字（英語・日本語）は，聞くことに困難さのある子供に安心感を与える。今回の改訂で，高学年に，「読むこと」「書くこと」が導入され，テキストや板書，ワークシートなどには英語の表記が多くなった。また，外国語活動であっても絵カードに文字が添えられている場合が多いため，聴覚に障害がある子供にとっては理解の手がかりとなるであろう。「平成30年度新教材ダウンロード専用サイト（文部科学省作成）」には，「動画・音声スクリプト」も用意されているので，必要に応じて活用されたい。

　ただ，発音に関しては，何度も耳にしないと慣れ親しむことが難しいことから，特別な支援が必要となる。教師が，個別に何度も耳元で発音を聞かせたり，新教材のデジタル教材等を使用させたりする方法が考えられる。しかしながら，耳から情報を得ることが大変難しい子供もおり，その困難さの程度によっては，文字にルビを振るなどの手立てが必要となってくるかもしれない。『小学校学習指導要領（平成29年告示）解説外国語編』にも，外国語と日本語の音声やリズムの違いに気付くことができるよう，リズムやイントネーションを教師が手拍子を打つなど，指導方法の工夫が示されている。誰もが参加できる授業に向けて，個々の実態に合った支援に努めたい。

視覚情報（絵や写真，文字等）

　前述したとおり，外国語活動・外国語科の授業では，絵カードや写真，ICT 教材等，視覚情報が音声と共に示されることが多い。そこで，その特性を十分に生かすようにする。情報は見やすく分かりやすいものにし，内容も必要なものに限定してできるだけシンプルにし，音声と関連付けながら，効果的に与えるようにしたい。

4　話すことに困難さがある子供への支援

多様な表現方法

　話すことに困難さのある子供は，人前で話すことへの不安が大きい，あるいは，場面緘黙（かんもく）や吃音，聴覚等の障害があるなど，その実態や障害の背景は様々であろう。話したい気持ちはあっても話せない子供にとって，自分の気持ちや考えを表現する場面が多くなる外国語活動・外国語科の授業では，精神的な負担を感じることが懸念される。

　こうした子供たちへの支援で最も大切にしたいことは，無理に発話させることを求めず，個々の特性に合った表現方法を尊重することである。絵や文字，ジェスチャーや指さしなど，コミュニケーションの方法は種々ある。障害の程度や個性に応じて，その子供に合った表現方法を選択させ，自分の考えや気持ちなどを伝えることの喜びを味わわせ，自信を育みたい。例えば，ホワイトボードに文字を書いてやり取りしたり，ICT 機器等を活用して友達と一緒に発表したり，"Who am I?" クイズとして，教師が対象となる子供の思いを発表したりすることなどが考えられる。

多様な活動

　話すことに困難があっても，ジェスチャー等身体を使って表現することを好んだり，英語を聞いて理解することや文字を書くことを好んだり，子供にはそれぞれの特性に応じた得意な学び方がある。そのため，個々のよさが発揮でき，授業に参加している達成感がどの子供にも得られるよう，教師は，「聞く」「読む」「話す」「書く」「作業をする」等，多様な活動を組み合わせて授業計画を立てたい。

　話すことに困難さがあっても，ポインティング・ゲームやビンゴ・ゲームなどは，音声を聞きながら友達と一緒に活動することができる。また，新教材の活動である Let's Watch and Think や Let's Listen などでは，映像を視聴して聞き取った内容を絵や文字で表すことができ，カードや絵本などの作品づくりは，自己表現の場となる。

5 落ち着いて学習することに困難さがある子供への支援

離席，立ち歩き，不規則発言，姿勢のくずれ等，このような望ましくない態度や行動の要因は何だろうか。それは個々の特性が周囲にうまく理解されなかったり，適切な支援が受けられなかったりすることへのストレスの現れと言われる。その背景を探るヒントの一つに発達障害がある。しかし，子供の実態やその困難さの背景は多様である。それを正しく把握することで適切な支援が見えてくる。ここでは三つの手立てを挙げる。

視覚化

落ち着いて学習することに困難さがある子供は，注意不足や言葉の理解に未熟さがあり，聴覚記憶が弱く，聞いて理解することが苦手であると言われる。そこで，届けたい情報を視覚的に示すようにする。例えば，1時間の授業の流れを掲示しておく。そうすることで見通しがもて，子供の中に安心感が生まれる。

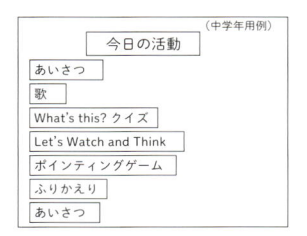

小刻みで多様な活動

待つことが苦手な子供が多い。同じ活動が長時間続くと飽きてしまい，集中力が途切れがちになる。しかも，受動的な活動が長くなると，関心が他に移り，問題行動につながる傾向がある。そこで，教師には，授業展開の工夫が必要となる。つまり，45分の授業の中に，誰もが参加できるような活動や作業を小刻みに組み込んでいくことが求められるのである。加えて，個々の興味・関心や学びの特性に応じて教材や提示の仕方等にも工夫をし，子供が「面白そう」「やってみたい」と思える授業づくりに努めたい。

書く活動への支援

手先の動きに困難さがあったり，集中を持続することが苦手であったりする子供がいる。そこで，外国語科の「書く活動」にも，こうした実態に応じた支援が必要となる。まず，教材・教具への配慮として，子供の実態に合った筆記用具や拡大した4線などを用意したい。また，黒板を見て書き写すことに困難さを覚える子供も多いため，見本となる文字を手元に置いて書き写せるようにする。加えて，活動を焦点化することも重要である。書き写す語や表現の量，作業時間等をある程度制限し，集中力を高め，達成感がもてるようにしたい。

教育的に配慮を要する子供への支援は，共に学ぶ全ての子供たちにとっての支援につながることに改めて気付く。教師だけではなく，子供たち同士も互いのよさや違いを認め合い困難さを支援し合いながら，共に学び成長していける外国語活動・外国語科の授業を創っていきたい。

（佐藤　美智子）

ICT 機器を効果的に学びに生かすには

　現在，学校ではインターネットや電子黒板，タブレットパソコン等のICT環境が整備され，外国語の授業を含め，多くの授業で視聴覚教材やICT機器が積極的に活用されている。文部科学省が作成・配布している『Hi, friends!』や『Hi, friends! Plus』『We Can!』『Let's Try!』の教材類は，冊子と合わせてデジタル教材もあり，小学校における外国語教育充実のために必要なものとして整備されたものである。小学校外国語活動・外国語科の授業では，ICT機器を使ったマルチメディア教材は，もはや欠かせない存在であり，学級担任が主となって授業を行うに当たって，これらのICT機器活用の果たす役割は大きい。これら様々なICT機器がもつよさを理解し，効果的な活用が望まれる。

▶▶ ICT 機器活用のよさ

　ICT機器を活用するよさとして，以下のようなことが挙げられる。

1　外国語の音声に繰り返し触れることができる

　ネイティブスピーカーの発音や会話等が録音された音声や動画等をCDやパソコン，電子黒板等を使って子供に提示することで，良質の音声のインプットを繰り返すことができ，学習効果を高めることができる。ALT等がいない場合の授業や発音に自信のなさを感じている教師にとって，音声モデルとして使用でき，その必要性は大きい。

2　写真やイラスト，動画等を見やすく提示，説明できる

　電子黒板やテレビ等にパソコンを接続し，絵カードや歌，チャンツ，動画等を映し出すことで，子供の興味・関心を高めることができる。電子黒板では，部分的に大きく提示したり，直接画面に線や文字を書き込んだりしながら，子供に説明することも可能である。

3　プレゼンテーションソフトを使ってオリジナルのアクティビティが作成できる

　プレゼンテーションソフトは，オリジナルの活動をつくる際に大変有効である。トピックに関連するイラストや写真，文字等をスライドに貼り付けたものを絵カードとして使ったり，音声や動画を埋め込んで再生させ，語彙表現へ慣れ親しませたりすることが容易にできる。イラ

ストや文字の大きさ等を自由に編集できるとともに，スライドの編集の仕方を工夫することでキーワード・ゲームやミッシング・ゲーム等の様々な活動をオリジナルで作成でき，アレンジの幅が広がる。

4 異文化に触れ，コミュニケーションの相手を広げることができる

通話料のかからないインターネット電話サービスを使用した外国語でのコミュニケーション活動により，学校にいない相手との交流ができ，コミュニケーションの相手を広げることができる。また，音声だけの交流でなく，カメラを設置して互いの表情を見ながらのやり取りも可能である。画面上に映し出された海外の子供たちと，外国語を通して自分の思いを伝え合う体験を通して，「相手の話す外国語が分かった」「自分の思いを伝えることができた」という喜びを味わわせることができる。

▶▶ ICT 機器活用における留意点

1 活動のねらいに即した内容や方法

インターネットを活用すれば，世界中の様々な情報を収集でき，世界の様子を映像や写真等で示すことで異文化に触れる機会をつくることができる。日々，新しいデジタルコンテンツも開発されており，市販教材も多種多様にあり，タブレットパソコンで使用するアプリケーションソフトの開発も進んでいる。多くのデジタルコンテンツがあるが，活用に当たっては，何でもよいというわけではない。これらの豊富な情報を授業で活用する際には，「ねらいに適したものであるか」「発達の段階に適しているか」「活用することの効果は何か」「デメリットはないか」等，あくまでも目標達成のためのツールであることを意識しておくことが大切である。ICT 機器のもつ特性を十分に生かしながら，効果的に活用したい。

2 環境の整備と ICT 活用能力

現在，多くの学校では電子黒板やコンピュータ，デジタル教科書，デジタル教材等の ICT 環境の整備が進んでいる。これらの教育効果を十分に発揮させるためにも，だれでも，いつでも使えるように，ICT 環境の整備をしておくことが大切である。

授業で ICT 機器を使用する場合，突然の不具合が生じることがある。映像が映らなかったり，音声が出なかったり，接続状況や調整等，急な対応が求められることも多い。事前に ICT 機器の使用環境を確認しておくことや対応方法について理解しておく必要がある。今後，情報化はさらに急速に進展し，教育現場の ICT 化はますます進んでいくことが予想される。教師自身が ICT 機器を自在に活用できる ICT 活用能力を備えておくことも重要である。

3　著作権

　インターネットの普及により，ネット上にはありとあらゆる情報に溢れている。教材作成に際して，イラストや写真，音声，動画等をインターネットで検索することが多いであろう。その際には，それら著作物に対して著作権があることを認識することが大事である。ネット上にあるもの全てが自由に使用できるのではない。インターネット上のものも含め，様々な情報を活用するに当たっての注意事項など事前確認が必ず必要であることに留意すべきである。

▶▶ 具体的な活用例

1　電子黒板

　電子黒板を各教室に設置している学校は多くなく，英語教室や視聴覚室などに設置している学校も多いであろう。電子黒板は，コンピュータを接続し，専用のペンや画面操作等で，パソコン上での操作と同様に扱うことができる。操作に慣れておく必要があるが，歌やチャンツ等を映像と音声で容易に提示でき，簡単な操作で活動を開始したり，途中で止めたり，繰り返したりなどができる。文部科学省が作成・配布している『Hi, friends!』『We Can!』『Let's Try!』等のデジタル教材も電子黒板に接続し，その機能を十分に活用されたい。

　電子黒板が学校にない場合は，教室に設置しているテレビにコンピュータを接続し，電子黒板と同じように使用することができる。画面の大きさや電子ペン，画面タッチ等の操作は不可能であるが，コンピュータ画面をそのまま映し出すことができる。接続ケーブル等を常時設定しておき，いつでも使える状態にしておくと準備に時間を要する必要がない。

2　プレゼンテーションソフトの活用

　プレゼンテーションソフトは前述したように写真やイラストを貼り付けて絵カードにしたり，アニメーションを付けたり，スライドショーの実行によりそのまま活動をしたりできるの

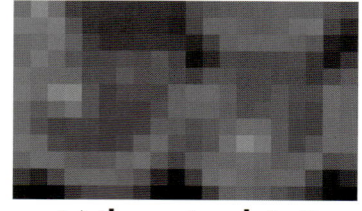

で，その使用用途は幅広い。簡単な画面の加工もでき，上図のようなスライド画面を作成すれば What is this? クイズが簡単にできる。使用するイラストや写真が身近なものであれば子供

たちは内容により興味・関心をもち，動機付けを高めることもできる。

3　動画視聴

　右の写真は，自己紹介の英語の手紙を送った相手から届いたビデオレターを，何と言っているのか予想しながら何度も聞いている場面である。自分たちの手紙への返事が届いたという喜びから何とかして話している内容を理解しようと，動画を何度も再生していた。途中で映像を停止したり，繰り返したり自分たちで自由に操作でき，「聞く」ことの繰り返しができるよさがある。動画は，場面や状況が静止画に比べてより具体的で分かりやすい。ビデオレターでは一方向の映像の送信になるが，テレビ会議システムやインターネット電話サービス等を活用すれば，双方向でのコミュニケーションをすることも可能である。

4　その他

　子供たちにとってタブレットパソコンは，スマートフォンの感覚で容易に操作を行い，学習意欲や興味・関心を高めてくれるデジタル機器である。クイズ形式で楽しみながら語彙や表現を聞いたり，言ったりできるアプリケーションを使い，自分のペースで音声や表現へ慣れ親しむ活動ができる。また，自分のスピーチや発表練習等を録画して振り返りに使ったり，イラストや写真などを取り込んだ画面を提示しながらそのままスピーチや発表に使ったりすることもできる。ICT 環境は，学校ごとに違いはあるが，これら ICT 機器を活用することでどんな学習効果があるのかを踏まえ，ICT 機器を使うこと自体が目的ではなく，あくまでも手段として活用することが大切である。

［参考文献］
文部科学省『小学校外国語活動・外国語研修ガイドブック』
http://www.mext.go.jp/a_menu/kokusai/gaikokugo/1387503.htm

（大田　亜紀）

各教科等との関連を図った指導のポイントは（高学年の例）

▶▶ 各教科等との関連を図った指導のよさ

1　外国語学習への動機付けを高める内容

> アフリカにもこんなにきれいな滝があるなんて初めて知った。「ザンビア」という国も初めて知った。知らない人も多いと思うから，これから英語で紹介できるように練習して教えてあげたい。

> 今日は国の名前をたくさん知ることができた。「インディアとインド」「ターキーとトルコ」「イージプトとエジプト」など，カタカナの言い方では ALT の先生には伝わらないことが分かった。他にもちがう言い方の国があるから，覚えて英語でしっかりと言えるようになりたい。

これらは，5年生『We Can! 1』Unit 6 I want to go to Italy.第1時の学習後の子供の振り返りカードのコメントである。この単元では，国旗や世界地図，映像資料などを使って世界の国々に対する子供の興味・関心を高めながら，国名，有名な場所や食べ物等の英語の言い方，want to ～（～がしたい）という思いを伝える表現を学ぶ。子供は社会科の学習で，世界には六つの大陸があることやその中に様々

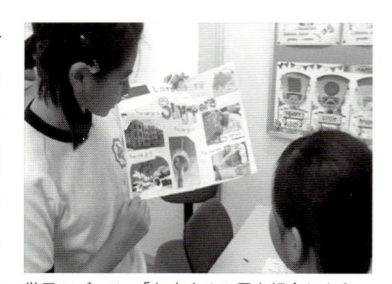

単元のゴール 「おすすめの国を紹介しよう」

な国があることを学習している。他教科等で学習した内容は，子供の発達の段階に応じた知的好奇心や興味・関心を高める内容であることが多い。また，子供にとって新しい言語材料であっても，話される内容が他教科等ですでに学習して知っている内容であれば，「自分が知っていること」から話される英語の意味を考え出そうとする。さらに，言われている内容になじみがあれば子供は安心して英語を聞くことができる。

このように，各教科等の内容を扱うことは，子供の知的好奇心を刺激し，学習内容に安心感をもたせることで，外国語学習への動機付けを高めるというよさがある。

2 子供の思いが表れた言語活動

5年生 Unit 6 では，「自分のおすすめの国について他者に伝えたり，自分が得た情報から，自分が行きたいと思う国を選び，その理由とともに伝えたりする」ことを単元のゴールとしている。他教科等で得た知識と体験そのものがコミュニケーションの内容となるために，自分の思いがより表れた言語活動となることが期待できる。また，教科内容を把握している小学校教師の知識や経験を生かしながら，単元終末に向かって子供の興味・関心に沿った活動を工夫することで，指導の効果を高めることができる。

▶▶ 指導上の留意点

1 表現が難しくなりすぎないように配慮する

他教科等で学習した内容を用いた言語活動を行う際，学習内容をそのまま表現すると言語材料が難しくなることがある。また，自分だけが知っている情報をそのまま伝えても相手が理解できず，一方通行のコミュニケーションになりかねない。双方向の言語活動を成立させるためにも，子供の思いが十分に伝わるように絵や写真，実物教材，ジェスチャーを用いて，言葉では説明できない部分を補う等の工夫が必要である。また，ある程度限られた言語材料の中から，子供に使いたい表現を選択させることも有効である。ワードリストを全体で共有し，表現が難しくなりすぎることがないように配慮する。

「おすすめの国を紹介するポスター」

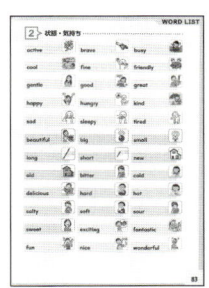

ワードリストの例

2 外国語学習のねらいが明確になるように単元を構想する

子供のコメントは，一見すると社会科の学習後の言葉のように見える。しかし，後半部分の「英語で教えてあげたい」「英語で言えるようになりたい」という点で，外国語の学習に関する記述であることが分かる。各教科等との関連を図った指導では，例えば，社会科で学習した国名，地名，食べ物名を英語に言い換えてゲームで用いるような活動のみで一単元が終わることのないようにしたい。つまり，他教科等の内容が言語活動として確実に生かされなければならない。学習内容が，各学年の目標や内容に資するものであるのかどうか，外国語学習で子供に付けたい力が明確に表れた単元構成となっているかどうか確認する必要がある。

単元を構想する際に以下の項目に沿って指導内容を考えると，言語活動を単元の中に確実に位置付けることができる。

---

①単元目標 　　②指導者の願い
③単元終末の子供の姿 　④単元終末の子供の姿に向けて，どんな学習活動をするのか

▶▶ 国語科と関連した，英語の語順に気付かせる指導例（6 年生）【発展的な活動：理科】

①単元目標
○簡単な英語の文について絵を使って視覚的に提示し日本語の語順と比べさせることで，英語の語順のきまりに気付く。

②目指す子供の姿
英語と日本語の語順の違いやそれぞれのきまりを体験的に理解し，英語の語順に気を付けて表現しようとするとともに，国語科の学習内容を生かしながら，言語には語順があるという言語の普遍性に気付く姿。

③言語活動（単元のゴールの姿）
『大きなかぶ』を動作化し，その状況について英語で適切に表現する。

④単元終末の言語活動に向かうために，どんな学習活動をするのか
絵本『A letter to…』（『Hi, friends! Plus』及び『We Can!』デジタル教材に収録）の読み聞かせ／『Hi, friends! Plus』のワークシートで教師が話す英語の文に合う絵を選ぶ／『大きなかぶ』の動作化／【発展的な活動：理科】食物連鎖の関係を英語で適切に表現する。

【活動】『大きなかぶ』を演じて，様子を英語で表現する。

動作を通して，繰り返し発音することで，主語と目的語の関係を体験的に理解できるようになる。

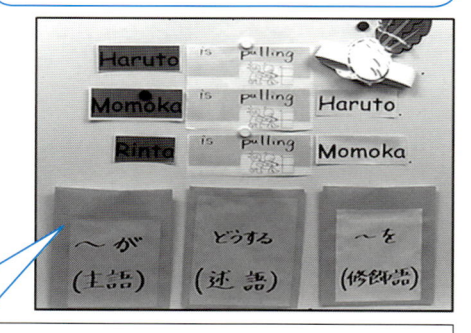

子供の動作に合わせながら，英語の主語・述語・目的語という語順を，視覚的に理解できるように板書を工夫する。国語科で学習した，「主語」「述語」「修飾語」という言い方を使うことで，日本語との語順の違いへの気付きを促すことができる。

色分けされた三つの封筒の中からカードを取り出し，正しい語順に並べる。

【発展的な活動：理科と関連を図った指導例】食物連鎖の関係にある生き物を選んで生態系ピラミッドを完成し，主語と目的語の関係に気を付けながら表現する。

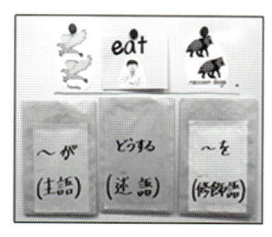
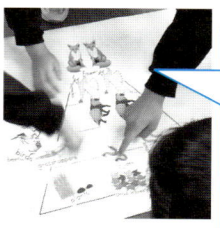

理科で学習した食物連鎖と関連させ，学習したことを生かして表現活動を工夫する。動詞が変わっても語順は同じであることを押さえ，食物連鎖の関係にある主語と目的語を正しく選ぶことで，語順に注意しながら表現することの大切さを理解させることができる。

【子供の反応から考えられる指導の効果】

・学習後の振り返りの際，日本語は助詞によって文の意味が変わることに気付き，日本語の助詞の働きに興味をもつ子供の姿もあった。

・英語の語順などの文構造について日本語と比較して考えることで，国語科で学習した知識が生かされ，国語科の学習への意欲を高めることにもつながる。

・高学年になると，文構造や語順について分析的に捉える力も育つため，こうした取組は，物事を論理的に思考しようとする習慣を身に付けるきっかけとなった。

▶▶ 各教科等との関連を図った指導のアイデア（高学年）

My Hometown 〜ふるさとのよさを英語で伝えよう〜【総合的な学習の時間】
（『We Can! 2 』Unit 4　I like my town. 関連教材）

単元の流れ

① ALT の家族からのビデオレターを視聴し，その返事として，自分たちの町について紹介するスピーチをすることを単元のゴールとする。

②自分たちの町について，総合的な学習の時間で調べた内容の中から，外国の人に伝えたい内容を整理する。

③スピーチに必要な表現に慣れ親しむ。

④スピーチを発表し，撮影する。ALT の家族にビデオレターを送り，返事を視聴する（→町紹介の映像は，外国からの観光客に向けて，小学生による町の名所を紹介するスピーチとして活用する）。

（村尾　亮子）

複式学級における指導のポイントは

▶▶ 複式学級とは

1　複式学級とは

> （略）児童又は生徒の数が著しく少ないかその他特別の事情がある場合においては，（略），
> 数学年の児童又は生徒を一学級に編制することができる。
>
> 法的根拠：公立義務教育諸学校の学級編制及び教職員定数の標準に関する法律（以下「標準法」という）

　少子化による児童数減により，多くの地域で小学校が小規模化している傾向にある。島根県も同様に複式学級を有する学校が学校数全体の3割を占め，複式学級における指導方法等の研究は，県の教育施策上の重要な課題となっている。複式学級の1学級の児童数の基準は，標準法で示す数を標準として，都道府県の教育委員会が定めることとされ，例えば島根県教育委員会では，小学校の複式学級編制について以下のように定められている。

> 複式学級の児童数は16人（第1学年を含む学級は8人）
> 全て1・2年，3・4年，5・6年の組み合わせで編制する。（島根県独自）

　複式学級における外国語活動・外国語科の指導について，島根県における3・4年，5・6年の2学年による複式学級編制の下での実践を取り上げ，その指導のポイントについて述べる。

▶▶ 複式学級における外国語活動・外国語科の指導のポイント

1　複式学級指導上の長所・短所

　複式学級で外国語活動・外国語科の指導を行うに当たって，右表のような長所と短所が考えられる。

　これらの長所と短所を踏まえながら，学級担任が中心に授業を進めることが大切である。異学年の子供が在籍する複式学級では，子供の実態を把握し，学級の人間関係等を考慮しながら指導することが，外国語活動・外国語科の学習効果を高める上で最も重要である。

表　複式学級で外国語活動・外国語科の指導を行った際の長所と短所

【長所】
・子供一人当たりの英語発話量が多く，コミュニケーション活動の充実を図ることができる。
・子供一人一人の興味・関心のある題材を取り上げやすく，意欲を高める言語活動の設定ができる。
・複式学級の上学年を学習モデルとして生かすことができ，上学年の子供たちの自尊心が高まる。

【短所】
・互いのことをよく知っていることから，言語活動の必然性をもたせるのが難しい。
・言語活動の相手に限りがあり，多様なコミュニケーションを行うことが難しい。
・上学年の学習内容を扱う際に，下学年にとって難しい内容となることがある。

2　年間指導計画を作成するに当たっての留意点

　外国語活動・外国語科の目標は，学年ごとではなく2学年間を通した目標となっており，内容も2学年を通じて指導するものとして示されている。複式学級においても，子供の実態に応じて指導内容を設定し，必要な内容を繰り返し指導するなど，柔軟に指導することが求められる。また，コミュニケーションそのものを扱う外国語学習の特性上，少人数の異学年がそれぞれ違う活動をする学年別指導ではなく，より人数の多い集団で活動できる同単元同内容で年間指導計画を作成することによって，外国語活動・外国語科の目標を達成しやすくなる。

　年間指導計画の作成に当たっては，学年による経験差に応じた同単元同内容異程度（一本案）と，2学年とも同じ評価規準で学習する同単元同内容同程度（二本案，A・B年度方式）の折衷案の作成が考えられる。

▶▶異学年が学び合うよさを生かした指導
～「同単元同内容指導」の授業づくり～

　複式学級では，子供たちの発達の段階や学力の定着状況に差があるからこそ学び合いの姿がある。そのよさを生かすために，以下の三つを大切にしたい。

1　スパイラルな学びが可能になる単元配列の工夫
2　複式学級の下学年に配慮した「分かる・できる」を大切にした授業づくり
3　質の高い言語活動と異学年ペアやグループ活動による学び合い

1　スパイラルな学びが可能になる単元配列の工夫
■同単元同内容異程度（一本案）の指導

　単元配列に当たっては，初めて英語に出合う第3学年と，初めて教科化された外国語の学習に出合う第5学年に配慮する。「2年間で繰り返し学習する単元（以下「共通単元」）」を設定し，1学期の初めには，『Let's Try! 1』または『We Can! 1』の単元を中心に，毎年度同じ単

元を設定する。その理由は，第3学年・第5学年が，それぞれ『Let's Try! 2』または『We Can! 2』から始めると，表面上は活動についていくことは可能であっても，「英語は難しい」という苦手意識を子供に抱かせる恐れがあるためである。

　共通単元では，他にも，子供にとって難しいと思われる単元を取り上げている。1単元の時数を少なくして2年間かけて学習し，目標を上学年と下学年で違うものにして繰り返しの中で定着を図り，より自信をもって表現できるようにする。下学年と上学年の言語活動への関わり方に差をもたせ，上学年には少し高度なねらいを設定する。言語活動における下学年と上学年の役割分担を明確にすることで，学習モデルとしての上学年の姿に下学年は憧れを抱き，上学年は下学年への思いやりの心をもって接することができる。上学年にとっては，2年目の学習における成長が感じられるように配慮したい。

■同単元同内容同程度（二本案，A・B年度方式）による指導

　A・B年度方式による指導では，『Let's Try! 1・2』『We Can! 1・2』の単元の指導内容の順序性や系統性に配慮しながら再配列する。例えば，第5学年「Unit 6　I want to go to Italy.」の単元と第6学年「Unit 4　I like my town.」の単元は，連続的に取り扱うと，「お気に入りの国を紹介する」言語活動の経験が，「自分の町を紹介する」言語活動

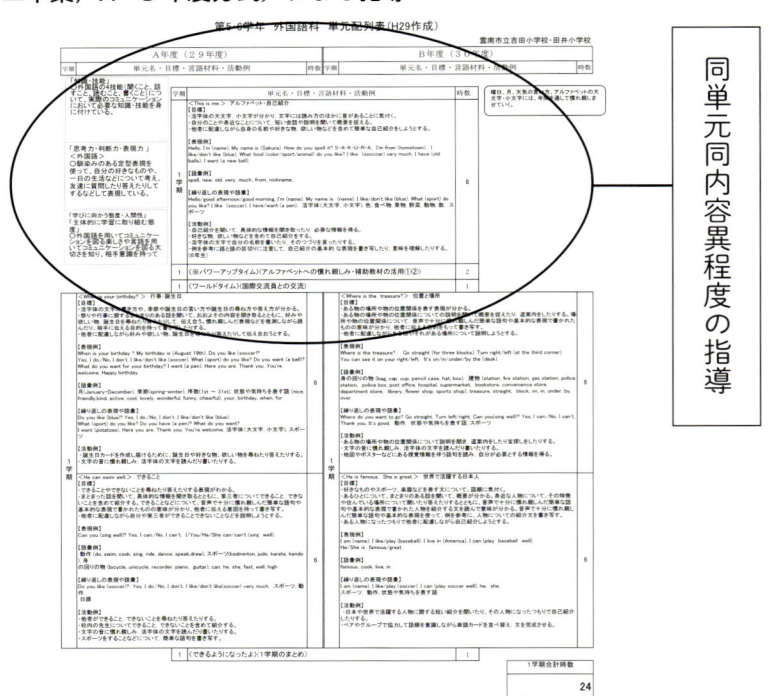

単元配列表の例（1学期用）

に生かされることが期待でき，同一年度内で学習するほうが効果的であると考えられる。さらに，学校行事や各教科等の年間指導計画に合わせて単元を配列することで，各教科等との関連を図った指導も可能になる。しかし，知っている言語材料に差がある子供が共に学ぶことになるため，下学年の子供に配慮した授業づくりが求められる。

同単元同内容同程度の指導

2学期

＜What do you have on Monday?＞ 学校生活・教科・職業

【目標】
- 曜日の文字や教科、曜日の言い方が分かる。
- 世界の同世代の子供たちの学校生活に関する英語を聞いて、自分たちとの相違点や共通点を聞き取るとともに、教科について尋ねたり答えたりする。相手の話について十分に慣れ親しみ、教科に関する語句や表現を読んだり、それらに必要な情報を書いたりする。

【表現例】
Do you have (P.E.) on (Monday)? Yes, I do / No, I don't. I (study) math. What do you study on (Monday)? Are you a (teacher)? Yes, I am / No, I'm not. I'm a (nurse).

【語彙例】
教科 (Japanese, English, math, science, social studies, music, arts and crafts, home economics),

P.E., calligraphy, class activities), 職業(police officer, soccer player, doctor, baseball player, florist,

teacher), on

【繰り返しの表現や語彙】
Do you have (a pen)? Yes, I do / No, I don't. I have (a rabbit).
Are you (a dog)? Yes, I am / No, I'm not. I'm a (rabbit).

【活動例】
- 教科や曜日について尋ねたり答えたりすることにより、自分たちにとってふさわしい答えを聞き取る。
- 教科や曜日に関する語句や表現を提案し、それについて慣れ親しむ。
- 文字の書き方を書く。
- 音声で十分に慣れ親しんだ教科の文字を提案し、それに応じて教科の文字を書いたりする。
- 自分の夢の時間割を作って提案し、それについて尋ねたり答えたりする。

＜My school trip＞ 修学旅行の思い出 （行事の思い出）

【目標】
- 過去の表現や言い方が分かる。
- 行った場所や食べた物、楽しんだことなどについて発表することができる。また、紹介に必要な語句や表現が分かり、紹介や感想を書いたりする。
- 他者に配慮しながら過去の様子を伝え合ったりする。

【表現例】
「It was～」I went to ate saw enjoyed～

【語彙例】
動詞過去形 (went, enjoyed, ate, saw, was)、様子を表す言葉 (beautiful, great, cool, exciting, interesting, fun, loud, delicious, hot, sweetなど)、
建物(shrine, Peace Memorial Museum, factory, amusement park, aquariumなど)

【繰り返しの表現や語彙】
I'm from (hometown). I like (play (soccer)). my, it, スポーツ、食べ物、季節、動作、身の回りの物、色

【活動例】
- 修学旅行の思い出に出について、音声で十分に慣れ親しんだ語句や表現を豊かに紹介し合う。
- 修学旅行の思い出に出について、相手を意識した発表的な表現を豊かにする。
- 音声で十分に慣れ親しんだ修学旅行の文字を提案し、それに応じて修学旅行の文字を書いたりする。

＜What time do you get up?＞ 一日の生活

【目標】
- 一日の生活について尋ねたり答えたりする。
- 音声で十分に慣れ親しんだ語句や表現について、音読したり書いたりする。
- 他者に配慮しながら一日の生活について伝え合ったりする。

【表現例】
What time do you (get up)? I usually (get up) at (8:00). I always (wash the dishes).

always, usually, sometimes, never, at, 手伝いの表現 (take out the garbage, wash the dishes, set the table, make the bed, walk the dog, clean the room など)

【繰り返しの表現や語彙】
日課、動作、曜日、スポーツ、教科
What time is it? It is (8:30).

【活動例】
- 自分の一日の生活について、順番正で伝え合う。
- 自分の一日の生活について、音声で十分に慣れ親しんだ語句や表現を豊かに伝え合う。
- 音声で十分に慣れ親しんだ一日の生活の文字を提案し、それに応じて一日の生活の文字を書いたりする。

8

＜What sport do you want to watch?＞ スポーツ（オリンピック・パラリンピック）

【目標】
- スポーツについて尋ねたり答えたりする。
- オリンピック・パラリンピックで見たいと思う競技について、軽いや種類などについて尋ねたり答えたりする。したいことについて尋ねたり答えたりして、伝え合う競技名や語句や表現について、音声で十分に慣れ親しんだ語句や表現が分かったり、その意味が分かったり、自分が伝えたい内容について、一緒に慣れ親しんだりする。

【表現例】
What sport do you want to watch? I want to watch (wheelchair basketball) on TV. Why?
Because I like (Brazil). Why? Because he / she is (cool). What do you (play)? Do you (play baseball)?
図、TV

【語彙例】
Olympic games, Paralympic games, wheelchair, weight, lifting, weight, because

I like (play (soccer)). I can (play soccer well). I want to go to (Brazil). Why? Because her / she is (cool). What do you like? What do you (play)? Do you (play baseball)? スポーツ、

【繰り返しの表現や語彙】
競技名 (basketball)

【活動例】
- スポーツに関する競技について尋ねたり答えたりして伝え合う。
- 軽いや種類などについて、音声で十分に慣れ親しんだ語句や表現を豊かにする。
- 音声で十分に慣れ親しんだスポーツの文字を提案し、それに応じてスポーツの文字を書いたりする。
- 一緒に慣れ親しんだ語句や表現の例から楽しく表現する。

6

＜What would you like?＞ 料理・値段

【目標】
- 英語による撮影に応じて丁寧な言い方のある店を聞いて、自分たちの方が本などに気持ちとともに、家族の時事や来客する丁寧な表現が含まれる。
- 丁寧な言い方や注文したりする。また気持ちを表すとともに、メニューについて、相手の話合を聞きながら注文したりして、音声で十分に慣れ親しんだ簡単な語句や表現が分かり、料理について、音声や十分に慣れ親しんだ語句や表現を読んだり、必要なことについて尋ねたり答えたりする。

【表現例】
What would you like? I'd like (spaghetti). What (food) would you like? What's your special menu?
This is my special menu. It's for my (brother). How much? It's (100 yen).

【語彙例】
食料菜単 (salad, pizza, bacon, drink, soda, coffee, tea, Japanese tea, dessert, chocolate, noodle, omelet,

soup), 状態や気持ちを表す語 (fun, busy, delicious, yummy), 家族 (father, mother, sister,

brother,

grandmother, grandmother), enjoy, would, special, menu, much, hundred

【繰り返しの表現や語彙】
What do you want? I want (a new ball). How many? (Two). please. Do you like (soccer)? Do you want to (ball)? Yes, I do / No, I don't. I like (soccer). What (sport) do you like? This is for you.
Here you are. Thank you. What's this? It's a (melon). 野菜、食べ物、状態や気持ちを表す語、数

(1・60, 70, 80, 90)

【活動例】
- 丁寧な言い方で料理の注文などをしたい。値段を尋ねたりする。
- 値の言い方に応じた値え合い、値え合うメニューを考えて理由について尋ねたりする。
- 感想を伝えたり質問したりする。
- 文字の書き方に慣れ親しみ、活字体の文字を読んだり書いたりする。
- メニューなどに必要な視覚情報を伴う語例を読み、自分に必要となる情報を書く。

6

＜I want to Italy＞

【目標】
- 活字体の大文字が分かる。
- 行きたい国や地域について行きたい理由とともに、行きたい国や地域が分かる。
- 目的などが言葉を表すことができる。
- 他者に配慮しながら行きたい国や地域について説明したり、自分の考えを伝え合う語例を読み、他者に伝えるための語を選る。

【表現例】
Where do you want to go? I want to go to (Italy). Why? I want to see go to visit (Rome). I want to eat (spaghetti). It's (good). Yes (good). I You can eat (ice cream). 動作、状態や気持ちを表す語、園

【語彙例】
国 (Italy, Germany, Canada, America, Spain, France, Brazil, China, Korea, Russia, Egypt, India)、状態や気持ちを表す語 (beautiful, delicious, exciting, cute)、風景(museum, temple, shrine, park, zoo, bridge),

where

to, because, see, visit, buy, drink,

【繰り返しの表現や語彙】
Do you like (soccer)? I want (a new ball). Why? I like (soccer). 行きたい国や地域、状態や気持ちを表す語

【活動例】
- 行きたい国や地域について尋ねたり答えたりする。
- 文字の書き方に慣れ親しみ、活字体の大文字を読んだり書いたりする。
- ポスターやパンフレットなどを読む実践例を参考例や語例を読み、自分が必要とする表現を考える。

3

＜Welcome to Japan.＞ 日本へようこそ

【目標】
- 日本について、自分の感想、具体の表、好きなもの・好いもの尋ねる表現が分かる。
- 活字体の大文字について、音読したり書いたりする。日本の文化について、音声で十分に慣れ親しんだ日本語やについて、音読したり書いたりする。日本の文化について、音声や語句や表現を音読したり書いたりする。
- 日本文化について伝え合う。

【表現例】
Welcome to Japan. Kabuki is Japanese culture. What is your favorite Japanese culture? I like / enjoy (Rakugo.) I can play the (Koto.)

【語彙例】
welcome, Japan, culture, festival, firework, party, enjoy

【繰り返しの表現や語彙】
Do you like (soccer)? Yes, I do / No, I don't. I like (soccer). What (sport) do you like? I can (play (soccer) well). to, is, your, favorite. 彼が国の文化に(に慣す習の切りに言葉、動作、季節、

日本文化について伝え合う。

6

＜My town is beautiful.＞ 住んでいる町・地域の将来

【目標】
- 自分の住んでいる町や地域の特徴と住んでいる町や地域の将来について、地域の様子についての良さや欲しい物・地域の特徴を伝え合う。
- 地域のよさとは基本的な表現を整えたり、その概要を捉えたり、その付けを書いたりに、ような強めのように慣れ親しんだ語句や表現、地域のような強めの表現について、自分の考えを書いたり、自分が伝えたい地域について、自分が慣れ親しんだ語句や表現を豊かにする。
- その人が慣れ親しんだ語句や簡単な語句や表現を用いて書いたりする。
- 地域のよさについて、伝えようとしたり、書かれたものの語み込みたりする。

【表現例】
My town is beautiful. It is (beautiful). I want (a (new) ball). Why? What do you have?
What's good? bad about (our hometown? We can (have (don't have) (much green). We can (plant trees).

【語彙例】
we, town, station, amusement park, aquarium, library, park, department store, think, but, so, plant, tree

【繰り返しの表現や語彙】
This is (my favorite place). It is (beautiful). I want (a (new) ball). Why? What do you have? 施設、建物、状態や十分を表す語、数量物、動作、スポーツ、enjoy

【活動例】
- 自分たちの町について自分の考えを発表する。
- 地域のよさについて、音声で十分に慣れ親しんだ語句や表現を豊かにする。
- 町のよさについて伝え合い、地域の町の例から楽しく表現を書けたりする。
- 様々な音声や語句を通して地域の例から伝えたり、書いたりする。

8

2学期合計時数	30

2 複式学級の下学年に配慮した「分かる・できる」を大切にした授業づくり

下学年の子供に配慮するために，次の三つを大切にしたい。

> ① 「何のために学ぶのか」が明確になる「バックワードデザインの授業」
> ② 安心して学ぶことができる「授業展開のスタイルの確立」
> ③ 学びの足跡が見える「振り返りカード」

①「何のために学ぶのか」が明確になる「バックワードデザインの授業」

授業においては，単元のゴールに向かい，何のために学習をしているのかを，教師と子供が常に意識していることが大切である。全員が明確なゴールイメージをもつことで学習への見通しをもち，どの子供もゴールに向かってぶれずに活動に取り組むことができるようになる。単元末までの見通しをもたせることで，下学年にとって学びやすい授業となる。

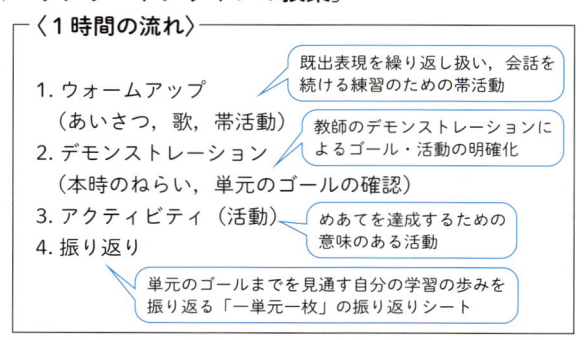

〈1時間の流れ〉

1. ウォームアップ
  （あいさつ，歌，帯活動） — 既出表現を繰り返し扱い，会話を続ける練習のための帯活動
2. デモンストレーション
  （本時のねらい，単元のゴールの確認） — 教師のデモンストレーションによるゴール・活動の明確化
3. アクティビティ（活動） — めあてを達成するための意味のある活動
4. 振り返り — 単元のゴールまでを見通す自分の学習の歩みを振り返る「一単元一枚」の振り返りシート

②安心して学ぶことができる「授業展開のスタイルの確立」

バックワードデザインの単元・授業づくりを実現するために，毎回の授業をある程度パターン化し，授業展開のスタイルを確立する。子供は本時の見通しをもち，本時のゴールに向かって安心して学習を進められるようになる。

③学びの足跡が見える「振り返りカード」

振り返りカードの活用は，子供の学習意欲の状況について把握するのに役立つ。たとえ下学年が英語に慣れてきたとしても上学年とひとくくりにして捉えることのないように，下学年の学習意欲を見取ることが大切である。振り返りカードを各単元1枚で作成することにより，本時のめあてに基づいて，自分の学習の歩みを振り返ることができる。子供同士で振り返りを共有することで相互評価も期待でき，「分かる・できる」ことへ向かって学級全体の学習意欲も高まる。

3 質の高い言語活動と異学年ペアやグループ活動による学び合い

子供同士が家族のように互いのことを知っている少人数の学級においては，すでに分かりきった答えを尋ね合うような言語活動にならないよう，必然性のある言語活動を設定すること

が重要である。

そこで，友達同士やALTだけでなく，担任以外の教職員や保護者，地域の方に言語活動に参加してもらうことで多様なコミュニケーションに触れることができるように工夫したい。コミュニケーション活動が高度化されると，異学年によるペアやグループ活動が有効になる。異学年ペアを仕組むことで，上学年が下学年にとってよい手本となる。上学年にとっては，下学年に教えることで自分自身にとっても再び学べる機会となる上に，頼られる経験から自己有用感が育つ。下学年は，上学年と共に活動することで，少し難しい内容にも挑戦することもできる。このような工夫によって，質の高い言語活動が可能になる。

▶▶複式学級から発信する「英語の学び方」

複式学級では，その特性から，スパイラルな学びで確実な英語力の定着を図り，「分かる・できる」を大切にし，質の高い言語活動と，学び合いによる自己有用感を育てる授業づくりが行われている。この丁寧な授業づくりは，単式学級内の学力の定着状況に差がある子供にとっても有効である。複式学級から生まれた「英語の学び方」を汎用性のあるものとして広く発信していきたい。

［参考文献］
・島根県教育委員会 (2016).『複式学級指導の手引き』
・島根県教育委員会 (2018).『平成29年度複式教育推進指定校事業リーフレット』
・雲南市立吉田小学校 外国語活動・外国語科　単元配列表
　http://shimane-school.net/unnan/yoshida-sho/news.php?mode=logview&id=411
（参考URL）
・しまねの教育情報Webエイオス「外国語活動　年間指導計画【複式学級】」
　http://eio-shimane.jp/document/doc-academic-training/gaikokugo-zikannwarireitou/317

（村尾　亮子）

他学年との交流学習を効果的に行うために

▶▶ 交流学習の意義

　小学校外国語教育については，今までも学年の枠を超えて交流学習を行う学校や学級があった。新学習指導要領が全面実施となると，対象の学年が第3学年から第6学年までの4学年に増えたことで，交流学習の機会も増加すると考えられる。そこで，外国語教育において交流学習に取り組む意義を改めて確認し，それを実施する際のポイントについて考えたい。

　まず，交流学習は，参加する子供たちの立場によって次の三つの意義が考えられる。

①他学年の子供をコミュニケーションの相手やプレゼンテーションの観客とし，その相手とやり取りをしたり，学習したことを発表したりする機会にする　＝　**発信する立場**

②他学年の子供の学習について，一緒に活動したり発表等を聞いたりする。加えて，他学年の子供のことをあこがれの目標や手本にする　＝　**受信する立場**

③単学年では人数が少ないので他学年と合同で活動できるようにしたり，ゲストティーチャーやALTなどの外部人材との学習の機会をたくさんの学年で共有できるようにしたりする　＝　**合同学習の立場**

▶▶ 交流学習を企画するポイント

　どの立場であるかによって，交流学習の企画には留意すべき次のようなポイントがある。学年をまたいでの学習は頻繁に設定するのは困難な場合が多いため，少ない機会を充実させるためにも，参加する学年の担任同士が事前に十分な打合せを行い，各教師の役割分担等を含めて準備を万全にしておくことが必須である。

○**発信する立場**　　・他の学年に発信することを，**その単元のゴールに位置付け，子供の意欲を喚起**する。

　　　　　　　　　　・他学年の子供を相手とし，**コミュニケーションの機会を多くもたせる。**

○**受信する立場** ・他学年と一緒に活動したり，発表を聞いたり，**他学年の学習内容を知る機会**とする。

・他学年の子供の学習の成果を知り，他学年の子供を**手本にする**。

○**合同学習の立場** ・**大人数で学習できる機会**としたり，**ゲストティーチャーとの学習の機会を充実**させたりする。

・**目標や内容の詳細は学年に応じて設定**する。

▶▶ 交流学習の実践例

　5年生と4年生の交流学習である。二つの学年ともに，発信する立場と受信する立場で参加する。5年生が Activity 1 で発信する際は，4年生が受信の立場になり，Activity 2 はそれぞれが逆の立場になる。そのため，活動の時間を確保するのに60分間の授業として実践する。

5年 『We Can! 1』Unit 6（8時間扱い） 〜I want to go to Italy.　ＭＴＢ旅行社オープン〜 Lesson 8「お勧めツアーパンフレットで営業しよう」	4年 『Let's Try! 2』Unit 6（4時間扱い） 〜Alphabet アルファベットゲームで楽しもう〜 Lesson4「国名アルファベットかるたで楽しもう」
1 Greeting（5分）　・挨拶をし，今日のめあてを各学年で確認する。	
2 Activity 1「MTB 旅行社　お勧めツアーパンフレットで営業しよう」（20分）（5年発信・4年受信） 　　5年めあて：4年生に行ってみたい国や好みなどを質問して，参加したいと思ってもらえるツアーを選ぶ。	
・前時までにつくったツアーパンフレットの中から自分たちが勧めたいツアーを五つ選んでおく。六つのグループがそれぞれのブースで，客役の4年生の好みなどを尋ねて，選んだパフレットの中から相手に合いそうなツアーを一つお勧めする。ぜひツアーに参加してもらえるように，工夫して説明する。 ・そのツアーに参加してもらえる場合は，チケットを預かり，パンフレットに貼り付ける。	・一人3枚のツアー参加チケットをもらう。 ・ツアーの説明をブースで聞く。社員役の6年生からの質問に答え，自分に合いそうなツアーを選んでもらう。そのツアーに参加したいと思ったら，ツアーチケットを社員に1枚渡す。 ・別のブースに行って別の社員の説明を聞く。
・チケットを各ブースで集計し，一番参加チケットを多く集めたブースのグループには，特別ボーナスのシールを用意しておき，社長役の ALT が渡す。	
3 Activity 2「国名アルファベットかるたで楽しもう」（25分）（5年受信・4年発信） 　　4年めあて：アルファベットや色のヒントを言ったり聞いたりして，5年生と一緒にかるたを楽しむ。	
・国旗と国名（アルファベットで）が書かれたかるたの取札を30枚程度，2組用意する。 ・1回戦は運動会の赤白対抗，2回戦は学年対抗。2回戦ともに A コートと B コートに分かれて対戦する。 ・出題者役の4年生の子供が国名と国旗の色のヒントを四つ言う。例：I have C. I have red. I have A. I have H. ・プレイヤーは2〜3人ずつとし，ヒントが出されてから5秒以内に取札を1枚取る。 ・審判役の4年生の子供が正解を言う。正しい札が取れていたら，1ポイント。1問ずつプレイヤーが交代する。 ・出題は1回戦につき10問ずつ。	
4 Reflection（8分）・振り返りシートに記入させる。　　・ALT と担任たちがそれぞれ評価を伝える。	
5 Ending（2分）	

　交流学習では特に発信する立場の学年は，しっかりと目的意識をもたせ活動させる。一方で，受信の立場の学年では，学習後の振り返りが重要である。担任同士が事前に打合せをしながら，交流学習をカリキュラムの中に効果的に位置付け，学校の実態に合わせて取り組むことで，どちらの学年の子供にとっても WIN ＋ WIN のものになる。

（福田　優子）

第3章

移行期間中の実践で大切なこと

移行期間の概要

▶▶ 移行措置の趣旨，内容及び移行期間中に求められることとは？

1　移行措置の趣旨

　下表に示したとおり，平成 30 年度及び平成 31 年度のそれぞれの年度において，現在，小学校の第 3 ～ 6 学年に在籍する子供たちは，平成 32 年度以降に始まる新学習指導要領に基づく教育課程の下で学習することとなるため，新学習指導要領に円滑に移行できるよう，小学校では平成 30 年度より 2 年間の「移行期間」が設けられ，「移行措置」を実施することとなっている。

　例えば，平成 30 年度現在，小学校第 4 学年に在籍している子供の場合，平成 31 年の第 5 学年では現行学習指導要領に基づく教育課程の下で学習することとなるが，第 6 学年になる平成 32 年度には新学習指導要領に基づいて学習を行うこととなる。よって，移行期間に新学習指導要領の外国語活動及び外国語科の内容の一部を扱うことにより，第 6 学年以降の学習に円滑につなげることを目的としている。この移行期間においては，最低限必要となる内容について，小学校中学年では新たに 15 時間，高学年では現行の 35 時間に 15 時間を追加して学習することとしている。

　上記については，「平成 30 年 4 月 1 日から平成 32 年 3 月 31 日までの間における小学校学習指導要領の特例を定める件（小学校特例告示）」により，新学習指導要領のうち，最低限必要

H30	H31	H32	H33	H34
◀ 小学校移行期間 ▶		◀ 小学校全面実施		▶
◀ 中学校移行期間 ▶			◀ 中学校全面実施	▶
移行措置が必要				高等学校 ▶
小 6	中 1	中 2	中 3	高 1
小 5	小 6	中 1	中 2	中 3
小 4	小 5	小 6	中 1	中 2
小 3	小 4	小 5	小 6	中 1
小 2	小 3	小 4	小 5	小 6
小 1	小 2	小 3	小 4	小 5

となる内容を取り入れることと，その指導のために必要となる追加の授業時数を確保すること
が示されている。なお，移行期間に行う外国語の授業は，あくまでも外国語活動として位置付
けられることに留意が必要である。

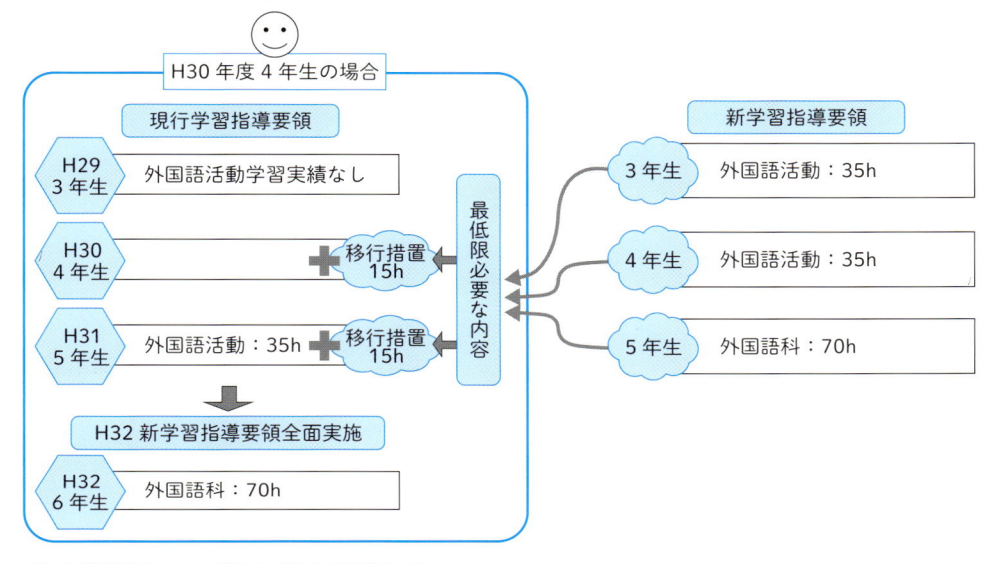

2　移行期間中に必ず取り扱う指導事項

　2年間の移行期間において，新小学校学習指導要領の外国語活動及び外国語科の内容のう
ち，必ず取り扱わなければならない事項については，先に述べた「小学校特例告示」におい
て，第3学年及び第4学年については，「新小学校学習指導要領第4章第2の2〔知識及び技
能〕(1)イ(ア)及び2〔第3学年及び第4学年〕(3)①に規定する事項は必ず指導するものとす
る。」，また第5学年及び第6学年については，「新小学校学習指導要領第2章第10節第2の英
語2〔第5学年及び第6学年〕のうち，〔知識及び技能〕(1)ア，イ(ア)，エ(ア)e及びf，エ(イ)並
びに(3)①イ及びオに規定する事項は必ず指導するものとする。」と明記されている。

　具体的には，小学校中学年では，(i) 英語の音声やリズムなどに慣れ親しむ，(ii) 日本語と
の違いを知り，言葉の面白さや豊かさに気付く，(iii) 聞くこと及び話すこと［やり取り］［発
表］の言語活動の一部となっている。

　小学校高学年では，(i) 音声，活字体の大文字と小文字，(ii) 文及び文構造の一部，(iii)
読むこと及び書くことの言語活動の一部となっている。

　ただし，各学校の判断により，上記の必ず取り扱わなければならない事項にとどまらず，新
学習指導要領に規定される外国語活動及び外国語科の指導事項を取り扱うことは可能である。

3　新学習指導要領全面実施に向けた必要授業時数の確保

　2で述べたとおり，新学習指導要領の全面実施に向けて最低限必要となる内容について指導

移行期間中に必ず取り扱う指導事項のポイント

3年生 4年生		5年生 6年生
（ⅰ）英語の音声やリズムなどに慣れ親しむ （ⅱ）日本語との違いを知り，言葉の面白さや 豊かさに気付く （ⅲ）聞くこと及び話すこと［やり取り］［発表］ の言語活動の一部		（ⅰ）音声、活字体の大文字と小文字 （ⅱ）文及び文構造の一部 （ⅲ）読むこと及び書くことの言語活動の一部

するために，移行期間中の外国語活動の授業時数を，第3学年及び第4学年においては15単位時間，第5学年及び第6学年においては15単位時間増加させた50単位時間とした。これに伴って，総授業時数も，第3学年から第6学年まで，各学年15単位時間増加することになる。

なお，平成30年度からは，直ちに，週当たりの授業時数を増加することや土曜日を活用すること，外国語教育充実のための教員定数の増加等の実施により夏季，冬季等の休業日の期間を短縮することが困難である場合などが想定される。そのため，各学校が現行の教育課程にさらに15単位時間の授業時数を加えて確保することが困難な場合など，外国語活動の授業時数の授業の実施のために特に必要がある場合には，移行期間に限って，総合的な学習の時間及び総授業時数から15単位時間を超えない範囲内の授業数を減じることが認められている。

移行期間中に必ず取り扱う指導事項のポイント

○必ず確保すべき授業時数
  ・第3学年及び第4学年：15単位時間
  ・第5学年及び第6学年：50単位時間
○新学習指導要領に規定される授業時数＊を実施することは可能。
  ＊第3学年及び第4学年：35単位時間、第5学年及び第6学年70単位時間
○授業時数確保のために特に必要な場合は，移行期間中に限り、総合的な学習の時間及び総授業時数より15単位時間を超えない範囲内の授業時数を減じることが可能。

4　移行期間中における学習評価の在り方

移行期間中における学習評価は，先に述べたとおり移行期間に追加して指導する部分を含め，現行学習指導要領の下，外国語活動としての評価規準に基づき行うこととしている。よって数値による評価は行わないこととし，評定も行わない。このことは，先に述べた「先行実施」をする学校（ただし，教科「外国語科」を特例的に実施することが認められている教育課程特例校指定を受けた学校を除く）においても同様であることに留意する必要がある。

指導要録の取扱いは，第3学年及び第4学年については，総合所見及び指導上参考となる諸事項を記録する欄に，子供の学習状況における顕著な事項を記入するなど，外国語活動の学習

に関する所見を文章で記述することとし，第5学年及び第6学年における外国語活動については，引き続き，現在の取扱いと同様であり，外国語活動の記録の欄に文章で記述することとしている。

　なお，子供たち一人一人のよい点や可能性，進歩の状況等については，日々の教育活動や総合所見等を通じて子供に積極的に伝えることが重要である。通知表や通信簿等については，学校に作成・保管義務のある指導要録とは異なり，保護者に対して子供の学習指導の状況を連絡し，家庭の理解や協力を求める目的で作成するものであり，法的な根拠があるものではない。作成，様式，内容等は全て校長裁量となっている。

> **移行期間中の学習評価のポイント**
>
> ○現行学習指導要領の下の評価規準に基づき行う。
> ○指導要録の取扱い
> 　・第3学年及び第4学年：「総合所見」及び「指導上参考となる諸事項」の欄に，学習状況において顕著な事項を記入するなど，文章記述。
> 　・第5学年及び第6学年：現在の取扱いと同様とし，外国語活動の記録の欄に文章記述。外国語活動は，数値による評価，評定は行わない。

5　移行期間中に求められること

　以上の移行措置の概要及び留意事項を鑑みて，2年間の移行期間中に求められることは，大きく分けて三つあると言える。

> 1　子供たちがスムーズに全面実施後の授業内容に対応できるように，移行措置で示された必ず取り扱う内容を確実に指導すること
> 2　全面実施に向けて指導者が新学習指導要領の内容を理解し，対応した授業が行えるよう準備をすること
> 　・基本的な指導事項を理解し，かつ学習指導要領の趣旨を十分に理解した上で指導に当たれるよう準備する。
> 3　全面実施後の学校運営がスムーズに進むように，カリキュラム・マネジメント及び人材確保を行うこと

　これら三つについては，教師，管理職，行政のそれぞれの立場からアプローチする必要がある。

（仁科　愛）

移行期間に取り組むこと

▶▶ 教育課程の編成（時数確保とカリキュラム・マネジメント）

　各小学校における教育課程の編成は，校長がその最終的責任を負い，主体となって進めるものである。一方で，教育委員会は学校の設置管理者として教育水準の維持向上を図る等のため，必要な教育委員会規則や教育課程の編成基準を定めることができるという学校と教育委員会の関係性を考慮すれば，各小学校は教育課程編成において法令や学習指導要領に示すところに従いながら，適切な編成が行われるように支援する必要がある。

　ここでは，時数確保とカリキュラム・マネジメントの二つについて，移行期間中に学校と教育委員会が連携しながら取り組むべきことについて述べる。

1　時数確保

　平成 32 年度には，小学校第 3・4 学年における外国語活動のために週 1 時間，小学校 5，6 年における外国語科のために，（現行の外国語活動の時間を 1 時間とするならば）同じく週 1 時間を時間割の中に新たに捻出しなければならない。

　すでに，多くの小学校が，地域や学校の実態及び子供の心身の発達の段階や特性を十分に考慮した上で，適切な編成となるように時間を捻出する方法を考えている段階であろう。一つの中学校区に複数の小学校があるような場合，他の小学校と歩調を合わせる必要がないか考慮したり，また，域内の動向を踏まえたりしながら決定したいという意向もあることが予想されるため，教育委員会がこうした情報を取りまとめ，各小学校に周知するなどの取組があるとよいと思われる。

　なお，時数の様々な取り方の具体については，文部科学省ホームページに，「小学校におけるカリキュラム・マネジメントの在り方に関する検討会議　報告書」が掲載されているので参照するとよい。(http://www.mext.go.jp/a_menu/shotou/new-cs/new/1382237.htm)

　また，第 3・4 年学年における外国語活動の時間については，答申で「年間 35 単位時間，週当たり 1 コマ相当の外国語活動を，短時間学習で実施することは困難である」としている。週当たり 2 コマ相当の外国語科においては，週当たり 1 コマの時間を 45 分とし，その時間との関連性の中で 15 分の短時間学習や 60 分授業の設定等がより有効である場合も想定されるであ

ろうが，外国語活動においては，このことに十分配慮した編成を行う必要がある。

　平成 30 年度からの移行期間にあっては，総合的な学習の時間から最大 15 時間を減じてこれを外国語活動の時間に充てることができるとされているが，国の動向も踏まえつつ，平成 32 年度の全面実施に向けて，計画的に進めていく必要がある。

2　カリキュラム・マネジメント

　新学習指導要領では，カリキュラム・マネジメントを「児童や学校，地域の実態を適切に把握し，教育の目的や目標の実現に必要な教育の内容等を教科等横断的な視点で組み立てていくこと，教育課程の実施状況を評価してその改善を図っていくこと，教育課程の実施に必要な人的又は物的な体制を確保するとともにその改善を図っていくことなどを通して，教育課程に基づき組織的かつ計画的に各学校の教育活動の質の向上を図っていくこと。」と定義している。

　この定義によれば，カリキュラム・マネジメントを考える際に，各教科等の学習内容を考え，必要な時数を算出して効果的に配列することは大切であるが，それが全てではない。移行期間には，前項で述べた外国語教育に係る時数確保とその編成を考えることの他に，学校全体の教育内容の質の向上に向けて，子供たちの姿や地域の現状等に関する調査や各種データ等に基づき，教育課程を実施し，評価して改善を図る一連の PDCA サイクルを確立することが求められているのである。

　例えば，学校教育目標の達成に向け，各教科等でどのようなことをねらい，学校全体として実現できるようにするかを考えていく中で，外国語活動・外国語科では，他教科等の学びと効果的に連動するために，どのような学習単元の配列とするか等について考え，実施，評価，改善のプロセスを経ることもカリキュラム・マネジメントの一つである。外国語教育に限ったことではなく，新学習指導要領においては，教科書の配列ありきではないマネジメントが求められていることを念頭に置く必要がある。

　また，「社会に開かれた教育課程」という観点で，カリキュラム・マネジメントについて考えていく必要もある。各学校において，特色あるカリキュラム・マネジメントが展開されるよう，また，小・中・高等学校で一貫した教育課程が展開されるように，教育委員会は関連情報を取りまとめて周知したり，指導助言したりすることが求められる。

▶▶ 環境整備

　小学校外国語教育の早期化・教科化は，「特別の教科　道徳」の新設とならび，今回の学習指導要領の改訂に当たっての大きな変化と言える。この変化に対応すべく，学校と教育委員会がそれぞれの立場で環境整備に努めていく必要がある。

　本項では，「（量的な面での）人的環境」「（質的な面での）研修の充実」「物的環境」の三つ

の観点から，移行期間中に取り組むべき環境整備について述べていくこととする。

1　人的環境の整備

　英語を使う必然性を教室内にもたらすという点において，ネイティブ・スピーカーの存在は大変効果的である。子供たちが，ネイティブ・スピーカーの話すことを「何と言っているのか」想像しながら聞き，「分かった」「たぶんこういうことを言っている」という体験をすること，また，自分の考えや気持ちを何とか伝えようとして努力した結果，ネイティブ・スピーカーに伝わったという体験を積み重ねることは，次への英語の学習意欲につながるからである。

　また，ネイティブ・スピーカーは，英語が話せるというだけの存在ではなく，母国の文化・習慣などを，子供たちに伝えてくれる存在である。食事や祭り，日常の過ごし方など，日本との違いに気付くことも外国語教育の大切な目標であり，また，英語学習への意欲向上につながる効果も期待できるところであるため，ぜひとも活用したい。

　現在，JET プログラム，派遣契約や請負契約等といった任用・契約形態の ALT が多く活用されているが，ALT を十分に確保することが難しい学校や地域（教育委員会）もあると考えられるため，英語の堪能な地域人材や退職した英語教師などを活用するなど柔軟な対応が必要となる。教育委員会によっては，こうした地域人材のリストを作成・周知し，活用に係る費用補助を行うなど，学校現場の負担を軽減する取組も見られる。

　一方，ALT 等のネイティブ・スピーカーや地域人材は，授業の補助はできても，年間指導計画に基づく毎時間の指導や評価はできない。そこで，国では，教師の働き方改革の観点とも併せ，平成 30 年度より小学校英語専科教員の加配措置に取り組んでいる。こうした加配措置を活用しつつ，学級担任と専科教員等が情報を密に交換しつつ，各学校における外国語教育を協働的に推進していくことが重要である。

2　研修の充実

　研究機関や民間による小学校教師を対象とした外国語教育に関する調査によれば，外国語の授業を学級担任が行うことに対して，英語力と指導力の両面から何らかの不安を抱えているという結果が得られている。

　こうした不安解消に対する取組の一つとして，国では平成 26 年度から 5 年間で「英語教育推進リーダー養成中央研修」を実施し，その参加者が域内の教師に対して同様の研修を実施している。

　各教育委員会においては，こうした取組の実施を確実に行うとともに，新学習指導要領の内容を確実に網羅しながら，各地域の教師の要望や実態に応じた研修を必要に応じて開催する必要がある。

なお，近年，教師の働き方改革を進めていくことが喫緊の課題となっていることを踏まえ，研修の開催時期や頻度，会場等については，一層の配慮が必要である。

　一方，学校においては，外国語教育に対する校内研修等の充実が求められる。小学校第3学年から第6学年まで，全校の3分の2に当たる学年において外国語活動・外国語科の授業が展開されることとなれば，現状に比べ，より多くの教師がこれらの指導に当たることとなり，また，現在，低学年を指導している教師も，今後外国語教育に携わる可能性が高い。したがって，移行期間中に全校で取り組む体制を整えることが重要である。もちろん，校内で研修すべきテーマは多岐にわたり，学校教育目標や研究主題の追求にその時間を充てることも必要であろう。そこで，次に示すような時間の設定を行うなどの工夫をするとよい。

校内研修の時間等の設定例
○ 1 年のうち 2〜3 回（学期に 1 回程度）を外国語教育に充てたり，長期休業中に設定したりする
○毎回 15〜20 分程度の短時間を外国語教育に充てる（可能な限り）

　また，研修のテーマとしては，次のようなものが考えられる。

研修テーマの例
・学習指導要領及び学習指導要領解説の理解
・授業の進め方について（言語活動の取り入れ方について）
・Small Talk，読み聞かせ，文字の読みと音，チャンツ等の進め方について
・クラスルーム・イングリッシュや子供たちとの英語でのやり取りについて
・ティーム・ティーチングについて（事前・授業中・事後に共通理解すべきこと等）
・小中連携について

　具体的には，『小学校外国語活動・外国語研修ハンドブック』に記載されているので参照されたい。(http://www.mext.go.jp/a_menu/kokusai/gaikokugo/1387503.htm)

　校内研修の進捗と成否は，管理職の意識の高さに拠るところが非常に大きいものである。移行期を前に，すでにその学校の教師が外国語教育に対して前向きに取り組んでいる学校では，管理職が及び腰ではなく，ある種の覚悟に近い気概をもって，「先ず自分が範を示す」という姿勢で教師を巻き込んで一体となって進めていることが多い。「今更，英語は難しい」「自分はもう退職を迎えるのみだ」「外国語以外にすべきことが多すぎる」という姿勢で，研究主任や専科教員等に全権委任するのではなく，「学校全員が苦手なところから少しずつ前進しよう」という強いリーダーシップを発揮して移行期間を過ごしていただきたい。

3　ICT 環境等，子供の学習環境の整備

　先端技術をあらゆる産業や社会生活に取り入れ，イノベーションから新たな価値が創造されることにより，誰もが快適で活力に満ちた質の高い生活を送ることのできる人間中心の社会「Society 5.0」の実現に向け，今後，学校教育においても EdTech 等の技術が導入されていくことが見込まれる。その中で，現段階から ICT 環境を整備し，子供も教師もその扱いに慣れていくことが大切である。

　そこで，国は，平成 30 年度より教育の ICT 化に向けた環境整備 5 か年計画を策定し，学校における ICT 化を進める中で，必要な経費については，2018 〜 2022 年度に単年度 1805 億円の地方財政措置を講じることとしている。各教育委員会においては，こうした制度も利用しつつ，移行期間中に各学校における整備を進めることが求められる。

　ICT 化が進むことにより，デジタル教材が十分に活用されるようになれば，小学校教師の多くが不安に感じている「英語の発音モデル」に対する一定の解決が見込まれ，発展的に ICT を活用しようとすれば，例えば国内や海外の小学校等とオンラインでつながり，互いの

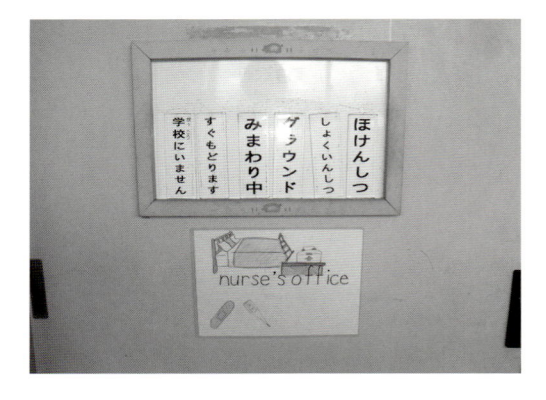

英語で書かれた掲示物の例

生活等について紹介し合うなどの取組が実現し，子供たちの英語使用の必然性を飛躍的に高めることもできる。

　また，ICT に限らず，子供たちが学校生活を送る校舎等に英語で書かれた掲示物を準備することも大変有効である。普段から何気なく目にしている単語が授業で使われたり，授業で扱った内容に関連する単語を休み時間に目にしたりすることで，子供たちにとって，英語がより身近なものとして捉えられるようになっていく。また，子供たちにこうした掲示物を作らせることも「書くこと」の指導の一環として有効である。

　なお，前頁の写真のような掲示物を作成する際には，小学校第5・6学年において，アルファベットの活字体を読み，書くことを念頭に，使用するフォントにも配慮する必要がある。

（上田　外史彦）

教材の活用の在り方

▶▶ 外国語活動の授業で使用する教材

1　外国語活動の授業で使用されている主な教材

　現行学習指導要領の外国語活動では，多くの小学校で，文部科学省が希望する学校に配布している教材『Hi, friends!』を活用して授業が行われてきた。『Hi, friends!』は，現行学習指導要領の目標及び内容を具現化した教材例であり，各学校や子供の実態に合わせて活用することで，小学校外国語活動が目指すコミュニケーション能力の素地を育むことができる。

　また，授業を行う際に『Hi, friends!』に合わせてよく使用されているのが，絵カードや音声教材，絵本等である。外国語活動の授業において，これら教材の作成，開発はとても大切であり，教材なくして授業はできない。毎時間の授業のねらいを達成するために，どのような活動を行い，その活動においてどのような教材が必要であるかを考え，準備をしていくことが大切である。

2　教材作成の工夫のポイント

　市販されている様々な教材があり，これらをうまく授業で活用することもできる。大切なのは，教材が学習のねらいと子供の発達の段階や実態，また興味・関心に合ったものであるかどうかである。だからこそ，子供をよく知っている学級担任が積極的に教材作成・開発を行いたいものである。絵カードの作成においては，黒板に掲示するのか，子供が手にもって使用するのか，また全体に示すのか，グループで使うのか等，使用する場面，目的によって，絵カードの大きさや形状，イラスト，写真，材質等を検討することが必要である。『Hi, friends!』等に収録されているイラスト以外に，子供の身近にある人・もの等を教材化し，写真やイラストで絵カードに使用することで子供の活動への意欲が高まっていくものである。実態に応じてアレンジしながら作成したい。音声教材となる歌やチャンツは，外国語活動の授業を始める雰囲気づくりやウォーミングアップになったり，繰り返し歌ったりすることで英語表現に楽しく慣れ親しむ上で効果的である。題材にぴったり合った歌やチャンツがない場合には，リズムボックス等を活用しオリジナルを作成してもよい。

3　教材管理の工夫

　外国語の授業で使用する教材を，毎時間作成することは大変な作業となる。授業で使用した絵カード等を整理し，学校全体で共有できるように教材コーナーなどを設置しておくと，いつでも使うことができる。しかし，続けて使用していくと，教材コーナーが乱雑になることがある。定期的に教材の整理や点検，補修などを行い，いつでも使える状態を保つようにしておきたい。小学校で使用した教材を中学校でも使用するなど，小中連携の効果的な接続の点からも，小・中学校で連絡調整をしながら教材の共有ができるとよいであろう。

▶▶ 新教材 『We can!』『Let's Try!』の活用

1　新教材について

　新学習指導要領に対応した教材として，文部科学省が作成した中学年用『Let's Try! 1・2』，高学年用『We Can! 1・2』がある。『We Can! 1・2』は，高学年の教科化に伴い，教科書が整備されるまでの間，国によって開発された教材である。これらの新教材は，新学習指導要領における外国語活動及び外国語科の目標，内容を具現化させることを想定し作

成されており，この教材で扱われている活動やその指導方法を理解することで，外国語活動・外国語科の指導内容のイメージをもつことができる。特に，『We Can! 1・2』は，中学年で合計70単位時間の外国語活動を経験してきたことを前提で作成されており，移行期間中における使用に当たっては配慮が必要である。

　これら新教材を活用した具体的な実践事例は，本書「第1章」の各学年の実践例を参照されたい。

2　移行期間中の活用について

　新教材『We Can! 1・2』『Let's Try! 1・2』は，児童用テキストと指導書，そしてデジタル教材もあり，すでに希望する全学校へ届けられている。デジタル教材には，『Hi, friends!』同様に，絵カードになるデータも収録されており，移行期間中の授業ですぐに活用できるように整備されている。また，文部科学省のホームページから，単元計画及び全時間分の学習指導案，ワークシートもダウンロードできる。この新教材を教師全員で実際に模擬体験するなどを通して教材への理解を深め，全面実施に向けて誰が担当学年になっても授業が不安なくできるように，指導力向上の研修が必要である。まずは，この新教材を使ってみることから始めたい。

（大田 亜紀）

外国語教育における カリキュラム・マネジメント

　平成28年12月，中央教育審議会がまとめた「幼稚園，小学校，中学校，高等学校及び特別支援学校の学習指導要領等の改善及び必要な方策等について（答申）」において，カリキュラム・マネジメントの重要性について報告された。本答申において，カリキュラム・マネジメントについては，以下のように述べられている。

　教育課程とは，学校教育の目的や目標を達成するために，教育の内容を子供の心身の発達に応じ，授業時数との関連において総合的に組織した学校の教育計画であり，その編成主体は各学校である。各学校には，学習指導要領等を受け止めつつ，子供たちの姿や地域の実情等を踏まえて，各学校が設定する学校教育目標を実現するために，学習指導要領等に基づき教育課程を編成し，それを実施・評価し改善していくことが求められる。これが，いわゆる「カリキュラム・マネジメント」である。

　また，カリキュラム・マネジメントは，答申の提言に基づき，以下の三つの側面から，組織的・計画的に教育活動の質の向上を図っていくものであると述べられている。

---

①各教科等の教育内容を相互の関係で捉え，学校教育目標を踏まえた教科等横断的な視点で，その目標の達成に必要な教育の内容を組織的に配列していくこと。
②教育内容の質の向上に向けて，子供たちの姿や地域の現状等に関する調査や各種データ等に基づき，教育課程を編成し，実施し，評価して改善を図る一連のＰＤＣＡサイクルを確立すること。
③教育内容と，教育活動に必要な人的・物的資源等を，地域等の外部の資源も含めて活用しながら効果的に組み合わせること。

　このカリキュラム・マネジメントの実現に向けて，全職員がその必要性を理解し，校長を中心とした学校全体で組織的に取り組んでいく必要がある。また，学習指導要領等の趣旨や枠組みを生かしながら，各学校の地域の実情や子供たちの姿等と指導内容を見比べ，関連付けながら，効果的な年間指導計画等の在り方や，授業時間や週時程の在り方等について，校内研修等を通じて研究を重ねていくことも重要である。

▶▶ 外国語教育における カリキュラム・マネジメント

　新学習指導要領では，中学年に「外国語活動」，高学年に「外国語科」が新設されることに伴い，35 単位時間の時数増加となる。移行期間中においては，標準時数を中学年「外国語活動」15 単位時間，高学年「外国語科」50 単位時間とした。

　また，授業時数の特例として，外国語活動の授業時数の授業の実施のために特に必要がある場合には，年間総授業時数及び総合的な学習の時間の授業時数から 15 単位時間を超えない範囲内の授業時数を減じることができることとされた。小学校の教育課程のこの増加分をどう位置付けるのか，各学校において苦慮しているところであろう。しかしながら，この増加分を教育課程の中に単純に入れ込む作業がカリキュラム・マネジメントではないのは前述したとおりである。時数操作だけに終始することのないようにしたい。

1　時間割編成の課題

　「小学校におけるカリキュラム・マネジメントの在り方に関する検討会議　報告書」では，時間割編成を進めていく上で，課題として以下の三つを挙げている。

（1）カリキュラム・マネジメントと時間割編成
（2）生活や学習のリズムの確立や質の向上と時間割編成
（3）指導計画の工夫や教材の在り方，指導体制の確保や業務環境の整備等と時間割編成

　時間割編成を考えるに当たって，週当たりに実施できる授業時数には限りがあり，各学校によって，週当たりの標準時数設定に違いがある。現行学習指導要領でも，各学校での創意工夫を生かした弾力的な時間割編成が可能とされているが，「時間」という限られた資源をどのように効果的に編成していくか，それぞれの学校の実態を踏まえて検討を重ねていく必要がある。

　また，小学校という発達の段階を考えると，時間割があまりに変則的であることにより，学校生活のリズムをつかみにくくなることも予想される。可能な限り恒常的な時間割が望ましく，時間割を複雑化させないことにも留意すべきである。

2　時間割編成の工夫

　移行期間に当たり，どの学校においても，「移行措置」か「先行実施」どちらかによる外国語活動の授業はすでに行われている。各学校の現状を踏まえつつ，様々な工夫をしながら，学校独自の時間割編成が行われているはずである。

「小学校におけるカリキュラム・マネジメントの在り方に関する検討会議　報告書」では，時間割編成として考えられる選択肢として以下のような例を挙げている。

①年間授業日数を増加させて時間割を編制
②週当たりの授業時数を増加させて時間割を編制
　・45分授業のコマは増やさず，短時間や長時間等の授業を設定
　・45分授業のコマを週一つ増やして設定
③年間授業日数の増と週当たり授業時数の増を組み合わせて時間割を編制

　様々な考え方があるが，どの方法が一番よいということではなく，メリットやデメリットは少なからず生じてくる。デメリットについては，対応するための条件整備等が必要である。
　「小学校におけるカリキュラム・マネジメントの在り方に関する検討会議　報告書」がまとめた，①，②の例を以下に示す。その他にも様々な具体的な例が資料として示されているので参照されたい。

【案2-1の場合の例　①朝の時間を活用】（参考2-1-①）

	月	火	水	木	金
	登校				
	朝の会・健康観察	朝の会・健康観察	朝の会・健康観察	朝の会・健康観察	朝の会・健康観察
		朝読書など		朝読書など	
	【朝】短時間または60分	【朝】短時間または60分	【朝】短時間または60分		
1限	①	⑦	⑬	⑱	㉔
	業間休み				
2限	②	⑧	⑭	⑲	㉕
	中間休み	中間休み	中間休み	中間休み	中間休み
3限	③	⑨	⑮	⑳	㉖
	業間休み				
4限	④	⑩	⑯	㉑	㉗
	給食				
	昼休み		ロング昼休み	昼休み	
	そうじ	そうじ		そうじ	そうじ
5限	⑤	⑪	⑰	㉒	㉘
			帰りの会		帰りの会
6限	⑥	⑫	校内研修	㉓	委員会活動／クラブ活動
	帰りの会	帰りの会		帰りの会	
下校	会議・打ち合わせ等				

【案2-2の場合の例　1コマ増】（参考2-2）

	月	火	水	木	金
	登校				
	朝の会・健康観察	朝の会・健康観察	朝の会・健康観察	朝の会・健康観察	朝の会・健康観察
	朝読書など	朝読書など	朝読書など	朝読書など	朝読書など
1限	①	⑦	⑬	⑱	㉔
	業間休み				
2限	②	⑧	⑭	⑲	㉕
	中間休み	中間休み	中間休み	中間休み	中間休み
3限	③	⑨	⑮	⑳	㉖
	業間休み				
4限	④	⑩	⑯	㉑	㉗
	給食				
	昼休み		ロング昼休み	昼休み	
	そうじ	そうじ		そうじ	そうじ
5限	⑤	⑪	⑰	㉒	㉘
			1コマ増		帰りの会
6限	⑥	⑫	㉙	㉓	委員会活動／クラブ活動
	帰りの会	帰りの会	帰りの会	帰りの会	帰りの会
下校	会議・打ち合わせ等				

移行期間中においては，授業時数の特例として，外国語活動の実施のために特に必要がある場合には，年間総授業時数及び総合的な学習の時間の授業時数から 15 単位時間を超えない範囲内の授業時数を減じることができるが，全面実施時は 35 時間増を教育課程に収めて実施していかねばならない。すでに先行実施している学校の事例からの成果や課題を参考にしながら，子供や学校，地域の実態を踏まえた年間指導計画や時間割編成の最適な在り方の検討が必要である。

3　教科等横断的なカリキュラム作成

　現在，外国語活動は，文部科学省より配布された新教材を活用して授業を行っている学校が多い。新教材をそのまま活用したり，あるいは，新教材を学校，学級の実態に合わせてアレンジしたり，また，学校独自で開発を行った単元をカリキュラムに追加したりして授業づくりを行っている。その際，地域の特色や学校行事，他教科等での学習内容，学習活動等に関連付けながら単元を構成したり，教科等横断的なカリキュラムの修正，作成を行ったりしている。このことこそ，まさにカリキュラム・マネジメントであろう。外国語活動・外国語科の授業で目指すコミュニケーション能力の素地及び基礎を育んでいく上で，相手意識をもったコミュニケーションが行われるために重要なことは，伝えたい内容があること，伝えたい思いや意欲があること，そして伝える必然性があることである。目標達成に向けた授業の充実には，子供の学習環境，学習内容，そして子供の興味・関心等，子供の「今」とどうつながりをもたせるかが重要である。自分たちの身近なひと，もの，ことが絡み，発達の段階に沿った興味・関心のある内容が揃うとき，コミュニケーションへの積極性はさらに増すであろう。そのためには，外国語活動・外国語科だけの年間指導計画を見ていてはカリキュラムはデザインできない。全ての教育課程を見て，学習内容を関連付け，子供の意識がつながりやすいように年間指導計画を修正し，授業設計を行うことが大切である。

［参考文献・引用文献］
文部科学省　中央教育審議会
・「幼稚園，小学校，中学校，高等学校及び特別支援学校の学習指導要領等の改善及び必要な方策等について（答申）」http://www.mext.go.jp/b_menu/shingi/chukyo/chukyo0/toushin/1380731.htm
・「次期学習指導要領等に向けたこれまでの審議のまとめについて（報告）」
　http://www.mext.go.jp/b_menu/shingi/chukyo/chukyo3/004/gaiyou/1377051.htm
・「小学校におけるカリキュラム・マネジメントの在り方に関する検討会議　報告書」
　http://www.mext.go.jp/a_menu/shotou/new-cs/new/__icsFiles/afieldfile/2017/02/14/1382237_1_1.pdf
・文部科学省『小学校外国語活動・外国語研修ガイドブック』
　http://www.mext.go.jp/a_menu/kokusai/gaikokugo/1387503.htm

（大田　亜紀）

指導力向上のための教員研修のポイントは何か

　移行期間中に，『小学校外国語活動・外国語研修ガイドブック』と新学習指導要領を踏まえて作成されている新教材『Let's Try!』と『We Can!』を用いながら，外国語活動と外国語科に関する研修を進め，小学校教師がもつ新しいことへの不安感を軽減させると同時に，教師の英語力を含む指導力向上を図ることが重要である。ここでは研修のポイントを説明する。

▶▶ 小学校学習指導要領の趣旨を理解すること

　第1のポイントは小学校学習指導要領の趣旨を理解することである。中学年における外国語活動や教科としての外国語科は新設であるため，十分な理解を図ることが肝要である。例えば，「知識及び技能」「思考力，判断力，表現力等」「学びに向かう力，人間性等」の三つの柱から育成を目指す資質・能力が整理されていることを理解する必要がある。改訂前の外国語活動では積極的にコミュニケーションを図ろうとする態度の育成が強調される傾向にあったが，態度だけでなく，知識及び技能や思考力，判断力，表現力等に関わる資質・能力の育成も求められている。また，教科化された外国語科では知識及び技能の育成が主になると誤解されがちであるが，三つの柱から構成される資質・能力を全体的に育成することが重要である。学習指導要領の改訂に詳しい講師による講義を聞いたり，『小学校学習指導要領（平成29年告示）解説　外国語活動編及び外国語編』や『小学校外国語活動・外国語研修ガイドブック』を読み合わせたりするとよい。

▶▶ 言語活動を理解すること・言語活動を充実させること

　第2のポイントは，言語活動とは何かについて理解を深め，授業で取り組むことができるようにすることである。外国語活動・外国語科の目標において，言語活動を通して，コミュニケーションを図る素地や基礎となる資質・能力を育成することと書かれている。言語活動は「実際に英語を使用して互いの考えや気持ちを伝え合うなど」の活動であり，「言語材料を理解したり練習したりするための指導」とは区別されている。後者の指導は，言語活動を成り立たせるためにも必要であり，必要に応じて行うこととされている。

　研修会では，授業研究を行い，「授業の中でどのような言語活動が行われていたか」「言語活

動を通してコミュニケーションを図る素地や基礎となる資質・能力を育成しようとしたか」「言語材料を理解したり練習したりするための指導は適宜効果的に行われていたか」といった視点から検討するとよい。また，ワークショップ型研修会では，『Let's Try!』や『We Can!』の活動を教師役や児童役になって体験することによって，外国語活動・外国語科においてどのような言語活動を行うのか，またどのような手順で指導するのかを理解するとよい。その際，『Let's Try!』や『We Can!』の指導編，デジタル教材，学習指導案，ワークシートを参照し，それぞれの活動がどのようなねらいをもっているのかについて正しく理解することが重要である。

▶▶「主体的・対話的で深い学び」の視点から授業改善を図ること

第3のポイントは，「主体的・対話的で深い学び」の実現に向けた授業改善を図ることである。参加型の研修を行い，主体的・対話的で深い学びの実現という視点で授業構築や単元構築を行ったり，授業後に「主体的に子供は学習に取り組んでいたか」「他者との対話を通して，語彙や表現などを学んだり，自らの考え方を更新したりしていたか」「気付いたり理解したりした外国語の知識や練習して身に付けた技能を，コミュニケーションを行う目的や場面，状況に応じて活用することによって，知識や技能が，思考力・判断力・表現力と関連付けられて，より確かな学びとなっていたか」という点から授業改善について議論したりするとよい。主体的・対話的で深い学びの実現のためには，①コミュニケーションを行う目的・場面・状況を設定したり理解したりする，②方向性を決定し，見通しを立てる，③対話的な学びとなる，目的達成のためのコミュニケーションを行う，④学びのまとめや振り返りを行う，という外国語教育の学習過程が，授業や単元の中に位置付けられるように意識することが重要である。

▶▶ Small Talk や Classroom English の演習を通して，英語力の向上を図ること

第4のポイントは，小学校教師の英語力の向上を図ることである。ワークショップ型研修で，Small Talk の練習や具体的な活動を取り上げて Classroom English の演習を行うとよい。Small Talk の音声は文部科学省チャンネル「mextchannel」(You Tube) で聞くことができる。

練習する際には，英語をそのまま繰り返すのではなく，自分のことを表現するように心掛けるようにする。例えば，I like pizza. Pizza is delicious. という英語であった場合，自分の好きな食べ物に入れ替えて話すようにする。演習の際には，英語の原稿を見ずに活動を進められるようにする。実際の授業において子供の発言や行動に意識を向けられるようになるからである。『We Can!』の学習指導案に書かれている Small Talk の進め方の留意点を確認しながら演習を行うとよい。

（酒井 英樹）

小・中学校が連携した　教員研修のポイントは何か

　小学校外国語教育での学びが，中学校外国語科にうまく接続されることが大きな課題である。そのためには，中学校英語担当教師と連携した研修が欠かせない。そこで，小中連携の視点から，どのような研修が可能か，研修に必要な要素を挙げ，効果的な研修について述べる。

▶▶ 学習指導要領の理解

　第 1 の要素は小中接続の点から学習指導要領の趣旨を理解することである。小・中学校それぞれの学習指導要領解説や『小学校外国語活動・外国語研修ガイドブック』を読み合わせる研修を行うとよい。

　その際，小・中学校学習指導要領解説の巻末にある，外国語活動・外国語の目標，言語材料，言語活動の学校段階別一覧が参考になる。特に，領域別の目標や言語活動を取り上げて，小学校外国語活動，小学校外国語科，中学校外国語科がどのように段階付けられているのかを理解し，学校種間の接続を意識することが重要である。

▶▶ 小・中学校間の情報交換

　第 2 の要素は小・中学校間の情報交換である。小学校における外国語教育の学びを中学校へ円滑につなげるためには，小学校の外国語活動・外国語科を何単位時間どのような内容で行われているのかに関する情報交換が必須である。

　次ページの表は，2018 年度から 2024 年度までの中学校入学者の授業時数を示している。例えば，2018 年度の中学校入学者は，5 年次と 6 年次に外国語活動を年間 35 単位時間経験している。すなわち，上段に〈70〉とあるように，計 70 単位時間の学習経験となる。2019 年度の入学者以降，85 単位時間，100 単位時間，135 単位時間，170 単位時間，205 単位時間，240 単位時間と毎年のように変化している。ここでは小学校の移行期間中に実施することになっている最低時間数（各学年 15 単位時間の増加）を想定したが，各学年 15 〜 35 単位時間増加してよいことになっており，学校によって状況は異なる。

表　移行期間における児童生徒の外国語活動・外国語科の時数（単位時間）

中学入学年 〈学習時数〉	2018 〈70〉	2019 〈85〉	2020 〈100〉	2021 〈135〉	2022 〈170〉	2023 〈205〉	2024 〈240〉
中学校 3 年	140	(140)	(140)	(140)	(140)	(140)	(140)
中学校 2 年	140	140	(140)	(140)	(140)	(140)	(140)
中学校 1 年	140	140	140	(140)	(140)	(140)	(140)
小学校 6 年	35	50*	50*	[70]	[70]	[70]	[70]
小学校 5 年	35	35	50*	50*	[70]	[70]	[70]
小学校 4 年	0	0	0	15*	15*	[50]	[50]
小学校 3 年	0	0	0	0	15*	15*	[50]

注．（ ）新中学校学習指導要領による指導；［ ］新小学校学習指導要領による指導；＊ は，2018・2019 年度の小学校移行期間による指導（最低時間数を想定）；〈 〉小学校における学習総時数.

　時数に加えて，学習内容にも注目する必要がある。表の中で，＊で示した移行期間中は，中学年では新教材『Let's Try!』，高学年では『We Can!』及び『Hi, friends!』が使用されているが，［ ］で示した新小学校学習指導要領全面実施以降の高学年においては検定教科用図書が用いられることになる。各学校種の円滑な接続を実現し，効果的な外国語教育のために，情報交換を詳細に行い，中学校における指導計画を構築・実施することが重要である。

▶▶「外国語を使ってどのようなことができるか」という点からの授業研究

　第3の要素は「外国語を使ってどのようなことができるか」という点から児童生徒の英語力を評価することや指導方法を検討することである。

　今回の学習指導要領においては，小学校，中学校，高等学校一貫して外国語によるコミュニケーション能力を育成する観点から，各学校種の目標，領域別の目標，言語材料，言語活動などが改訂されている。小学校と中学校が連携して外国語教育に取り組むために，小学校教師と中学校教師が合同で授業研究を行い，外国語活動・外国語科の目標に照らし合わせたとき，児童生徒の学習状況はどの程度か，またその目標を達成するのに資する授業となっていたかという点から意見交換するとよい。その際，個別の語彙や文法の理解や練習に焦点を当てるのではなく，「外国語を使ってどのようなことができるか」という観点を設定したり，多くの学校では学級担任制によって指導されているという小学校の外国語活動・外国語科の特質を十分踏まえた上で議論したりすることが重要である。

（酒井　英樹）

実録・「わくわくする」校内研修

▶▶ 小学校外国語教育に係る校内研修の目的

　新しい小学校外国語教育がスムーズにスタートしその充実を図るために，校内研修では，教師の授業力と英語力の向上を目指す。これら二つについては教師個々の努力で向上を図るというより，校長のリーダーシップの下で，組織的な取組が必要である。教師が多忙の中でも外国語教育についての研修に意義を感じ，それぞれの学校で充実した校内研修を企画するにはどうすればよいか，そのポイントについて実践例を挙げながら具体的に紹介する。

▶▶ 校内研修を企画するキーワード

　子供も教師も「学ぶ」ことに対する根本は同じである。そこに「わくわく」感があるかないかで，学びに対する姿勢や学びの効率が違う。「こうすればいいんだな」「できそうだ」「やってみたい」と参加した教師が「わくわく」することができたら，その研修は大成功と言える。そんな校内研修のキーワードは，以下のとおりである。

「わくわく」する校内研修を企画するキーワード
①「必要感」：教師自身が必要だと感じていることが研修に取り組む意欲や目的意識となる。
②「本物感」：即実践できることを企画する。できるだけ具体的で体験的な学びがよい。
③「安心感」：教師自身の実践レベルに合ったもので，「失敗もあり」の緩さも時には必要。
④「連帯感」：仲間となら新しいアイデアが浮かぶ。職場の雰囲気も心地よいものになる。
⑤「楽しさ」：全員が笑顔になる瞬間があるかないかで，研修自体の成果に違いが出る。

　このような「わくわく」する校内研修を実施するために，一番大切なのは管理職の姿勢である。特に校長自身が上記の五つを感じながら校内研修に主体的に参加することで，教師のよき見本となる。校長室の中だけで過ごし，教師のやる気をじっと待っているだけでは，校長のリーダーシップとは言えない。

▶▶ 校内研修の実践例

1　他教科等と関連付けた「単元計画作成」研修

キーワード①「**必要感**」：新学習指導要領でのカリキュラム・マネジメントの重要性から見ても，他教科等と関連付けた指導を取り入れた指導計画を作成することに取り組みたい。

キーワード③「**安心感**」：単元計画はフレームを決めて考えると取り組みやすい。

キーワード④「**連帯感**」：個人作業よりもグループで一つの単元を選んだものについて考える。協働で考えると新しいアイデアが出やすい。

他教科等と関連付けた「単元計画作成」研修～90分～	
取組の方法	**具体的な実践例**
①各グループにどの学年のどの単元計画を作成するのか，事前に指定する（自分が実践できる学年の単元を立てるのがよい）。5分	①単元名　　『Let's Try! 1』Unit 4 　語彙・表現　　I like blue. I like apples. 　　　　　　　　Do you like red? Yes, I do. / No, I don't.
②その学年の教育課程（単元配列表などでよい）を用意し，その中から関連付けられる内容を探す。30分 ◆例1：他教科等の内容を外国語活動の授業に生かす 　他教科等　⇒　「外国語活動」で関連 ・他教科の学習内容と関連した語彙を扱う ・言語活動の場面設定を関連した内容とする，等 ◆例2：外国語活動で学習したことを「つながる活動」として他教科等で生かす 　外国語活動　⇒　「他教科等」で関連 ・言語活動で行ったインタビュー結果を生かす ・言語活動で行ったプレゼンテーションの内容を他教科等の学習に生かす，等	②関連付けられる他教科等の内容を選ぶ。 ※この単元の場合は，左列例2の「つながる活動」を設定することで関連付ける。 ◆外国語活動から「つながる活動」として，次の学習を設定する。 　図画工作科　「なかよしカードをプレゼント」 ◆友達と一緒に活動したことを楽しく思い浮かべながら，そのときの自分の気持ちを表したカードを作って友達にプレゼントする。その際，友達の好きな色を使ったり，好きなものを描き加えたりして，仲よしでいたい気持ちを伝えるようにする。 ◆外国語活動で調べた友達の好きなものを生かして使う色や描くものを決める。
③関連付けられる教科の学習内容が見つかったら，具体的な言語活動の形を考える。30分	③友達の好きなものを調べるためにインタビュー活動を設定する。 　言語活動「友達の好きなものインタビュー」 　Do you like ○？　Yes, I do. / No, I don't.
④単元最後の言語活動が決まったら，フレームを基にバックワードで単元全体の計画を立てる。立てたら全員で共有する。25分	④下段に作例。各グループで作成したものはすぐにコピーして全員で共有する。

単元計画のフレーム		『Let's Try! 1』Unit 4
目標	子供に目的意識をもたせる	「好きなものクイズで，友達のことをもっと知ろう」
第1時	目標を知り，語彙や表現に出合う活動	・先生の好きなものを聞こう／色の言い方を知ろう
第2時	語彙や表現に慣れる活動	・「先生の好きなものクイズ」を楽しもう
第3時	語彙や表現により慣れる活動	・「友達の好きなものインタビュー」をしよう
第4時	目標を達成するための言語活動	・インタビュー結果を基につくった「友達の好きなものクイズ」で，友達のことをもっと知ろう
つながる活動	外国語活動での言語活動から，他教科等へ「つながる活動」を設定する	・外国語活動で調べた「友達の好きなもの」を図画工作「友達の好きなものを描いたなかよしカードをつくって，友達にプレゼントしよう」の単元での学習に生かす

2 フレームに沿った「本時案作成」と模擬授業研修

キーワード①「必要感」：毎時間必要な本時案の作成方法を，研修を通して身に付ける。

キーワード②「本物感」：作成した本時案は実際に授業で実践できる。

キーワード③「安心感」：本時案作成も単元計画と同様，フレームに沿って考えればよい。

キーワード④「連帯感」：グループで本時案作成や模擬授業を行い，協働の学びができる。

キーワード⑤「楽しさ」：模擬授業で実際に児童役になり，外国語学習の楽しさを体験する。

フレームに沿った「本時案作成」と模擬授業研修〜110分〜	
取組の方法	**具体的な実践例**
①指定された同じ単元計画から，グループで本時案を作成する授業を選ぶ。（単元計画作成研修で作ったものを活用し，グループで重なってもよい）5分	①単元名 『We Can！1』Unit 5 語彙・表現 She can sing well. Can you sing well？ Yes, I can. / No, I can't.
②フレームに沿って，本時案を作成する。デジタル教材等を活用し，Warm up や Activity の活動を組み立てる。30分	②単元計画は作成済なので，本時の目標を達成するために，フレームに沿って，本時案を作成する。
③模擬授業をする。全てのグループができるように時間配分する。Warm up と Activity を中心に授業をする。60分	③本時全体ではなく，Activity を中心に，各グループ20分程度の模擬授業を，全グループが行う。
④授業後に気付いたことなどを交流する。15分	④気付いたことは付箋紙にそれぞれが記録していき，その後全員で交流する。
本時案のフレーム	『We Can! 1』Unit 5　単元名：明治小の先生を紹介 〜明治小 PR 作戦『先生編』として地域に紹介しよう〜 （総合的な学習の時間「明治小 PR 作戦」との関連単元として計画作成済）
第4時	**本時の目標：できることやできないことを，考えや気持ちを含めて尋ね合う。**
Greeting 3分	挨拶	挨拶（全校で同じパターンを決めている）
Warm up 10〜15分	めあての確認・前時の復習	めあて「できることやできないことを尋ねたり答えたりしよう」 ○ Let's Chant：Can you sing well? ○ Let's Play：ポインティング・ゲーム
Activity 20〜25分	本時の中心となる活動を1〜2程度	○ Activity：できるか・できないかインタビュー ・友達に尋ねたいことを五つ決めて，まず答えの予想を立てる。実際にインタビューして予想の確かめをする。
Reflection 5分	振り返り（児童・ALT・学級担任）	○児童の自己評価（めあての振り返り「尋ねたり答えたりできたか」） ○ ALT の評価（英語表現，対話の態度面） ○学級担任の評価（対話の内容面，単元のゴールへ向かう意識の確認）
Ending 2分	挨拶	挨拶（全校で同じパターンを決めている）

3 「英語力向上」研修

キーワード①「必要感」：教師が英語を使いながら授業を進めるために必要なのは，中学校卒業程度の英語であり，それを運用する力を身に付けるための研修となる。

キーワード②「本物感」：研修で学ぶ英語表現は授業で活用できる基本的な表現とし，実際に授業で使えるものを取り上げている。

キーワード③「安心感」：ほとんどの小学校教師は英語が堪能ではないが，この研修で目指す英語力はそれほど高いものではない。よって「みんな同じ」，しかも「これならできそう」というレベルであり，英語が苦手な小学校教師も安心して参加できる。

キーワード④「連帯感」：ベテランも若手も，苦手なことを基本から学ぶことで連帯感が生まれる。この連帯感が，研修へのやる気となる。

キーワード⑤「楽しさ」：体験的な研修にすることで，座学ではない楽しさが生まれる。

英語力向上研修：三つの研修ともに 10 分間程度で行えるので，定期的に実施する	
クラスルーム・イングリッシュ研修	○クラスルーム・イングリッシュの一覧表から，毎回 10 個程度選ぶ。一覧表は文部科学省の「研修ガイドブック」等を活用すればよい。 ○ペアで一つずつ担当して，その言葉に合うジェスチャーを考える。 ○順番に発表しながら，全員で共有する。体を動かすので楽しい研修となる。
英語力向上のための絵本読み聞かせ研修	○学校備品の英語教材から 4 冊程度の絵本 Big Book を選び，グループに 1 冊配布する。配布するグループの絵本は，毎回変える。 ○グループの中で，1 ページずつ交代しながら読み聞かせる。初見の英文を読むことに挑戦する。 ○時間があれば，その絵本を使った指導方法などを話し合う。
英語力向上のための Small Talk 研修	○事前に，Topic を決めておく。新教材等で扱うものがよい。 ○ペアになって Small Talk に挑戦する。 ○終了後，英語表現等で困ったことを出し合う。ALT や英語に堪能な教師がいれば答えてもらったり，英和辞書等で調べたりして，全員で共有する。

▶▶ 校長が校内研修を「わくわく」楽しむ

　私たち教師も子供と同じように「わくわく」感じられる学びをしたい。楽しく意欲的に研修に取り組みたい。そのための必要な条件として前述した「校内研修を企画するキーワード」の五つは，実は私の学校が外国語活動で設定する言語活動の 4 条件「①必要感，②本物感，③相手意識，④コミュニケーションの意義や楽しさ」と重なっている。校内研修が教師の『学び』だと考えれば，大人の『学び』も子供の『学び』も，根本は同じで，「学ぶ立場の者が『わくわく』する気持ちをもてるかどうか」で成果が違ってくる。

　小学校の新しい外国語教育を充実させるためのキーパーソンは，校長である。教師とともに校長が校内研修を「わくわく」楽しもうとする姿勢を示すことで，職員室は笑い声があふれる場所になり，日常の多忙感さえ払拭するような教師集団のパワーを生む源となる。そして，何よりその学校の外国語教育を「わくわく」したものに導く力になるのは，間違いない。

（福田　優子）

小学校外国語教育との連携を踏まえた中学校外国語教育の在り方

▶▶ 中学校の外国語科の授業はどう変わるのか？

『中学校学習指導要領（平成 29 年告示）解説　外国語編』における「改訂の要点」の概要を以下に示し，これらの事項から，求められる授業について述べていく。

▶▶ 目標の改善

1 「聞くこと」「読むこと」「話すこと［やり取り］」「話すこと［発表］」「書くこと」の五つの領域について目標を設定

> 「話すこと［やり取り］」の言語活動が確実かつ継続的に位置付けられている授業が求められる。

『中学校学習指導要領（平成 29 年告示）解説　外国語編』の「改訂の趣旨」には，中学校外国語科の授業における課題の一つとして「やり取り，即興性を意識した言語活動が十分ではない」ことが示されている。本課題も踏まえ，今回の改訂において「話すこと［やり取り］」が追加された。

　したがって，「話すこと」の言語活動を実施する場合は，「将来の夢についてスピーチする」といった「話すこと［発表］」の言語活動に加え，即興性が求められる「話すこと［やり取り］」の言語活動の確実な実施が必要である。さらに，当該言語活動の実施に課題があることに鑑み，意識的に継続的な実施を心がけるとよいだろう。例えば，以下の工夫が考えられる。

- ・年間を通じて，帯活動で「話すこと［やり取り］」の言語活動を実施する
- ・「書くこと」の言語活動の前に「話すこと［やり取り］」の言語活動を位置付けて，表現内容をもたせたり，活用できる表現に気付かせたりする
- ・「話すこと［発表］」の言語活動の後，発表内容について簡単な質疑応答をさせる

　なお，複数の領域（技能）を統合させた言語活動が必要であることは今後も変わらない。

▶▶ 内容の改善・充実

2　互いの考えや気持ちを伝え合う対話的な言語活動を一層重視する観点から，「話すこと〔やり取り〕」の領域を設定

> 自分の本当の考えや気持ちを表出する機会が豊富にある授業（内容が重視されている授業）が求められる。

【授業はこう変わる】

　あるトピックについて "What do you think?" や "Please tell me your opinion." と問うたとき，回答に窮してしまう生徒はいないだろうか。この場合，いわゆる「英語力」の不足も要因として考えられるが，自分の考えをもち，それを表出するということ自体に慣れていないことが要因となっている場合も少なくないように思われる。授業において自分の考えや気持ちを他者に伝えるという機会を豊富に設けることが重要である。

　例えば，授業において，「教科書の登場人物になりきって〜する」や「レストランの店員と客になったつもりで〜する」など，架空の誰かになって活動に取り組ませることがあるだろう。このようないわゆるロールプレイは，目的を明らかにして実施することで所定の効果はあると思われる。しかし，中学校の外国語科の授業で最も重視していることは，「架空の誰かになって何かを表現する」ではなく，「私が本当に考えていることや感じていることを表現する」ことであることを忘れてはならない。生徒一人一人に，「あなたはどう思い，どう考えるのか」を表現させることが大切である。

▶▶ 学習の改善・充実

3　語彙や表現等を異なる場面で繰り返し活用

> 語彙や表現を，言語活動の中で繰り返し想起しながら活用する機会が確保されている授業が求められる。

ア）指導計画

　語彙や表現等を言語活動において繰り返し活用する計画にすることが大切である。例えば，教科書の題材で海洋生物が取り上げられている単元で，当該単元の終末に自分が選んだ生き物について紹介するという言語活動を設定している場合であれば，本単元の3時間目で自分で選

んだ魚についてその特徴を紹介する，第4時は昆虫について，第5時は鳥についてそれぞれ紹介するというように，「紹介する」という言語活動に繰り返し取り組むことに資する単元計画の立案が考えられる。教科書で学んだ表現を実際の言語活動の中で繰り返し活用することに資する指導計画の立案が必要である。

イ）言語活動

言語活動に取り組ませる前に，当該活動で必要な言語材料の全てを示さないことが大切である。先に示した例で言えば，何かの生き物について紹介するための言語材料を，教師が示すのではなく生徒に想起させるということである。「～などの英語表現を使って紹介してごらん」ではなく，「どんな英語表現を使うといいか自分で考えてごらん」という指示をするとよいだろう。教科書を読み返して活用できそうな表現を見付けようとする生徒，自分が表現できる内容に言い換えて表現する生徒を育てる。このような「既習の表現を想起しながら表現してみる」という段階が必要である。

この段階での表現は，不正確なまたは不十分な発話や筆記の可能性が高いであろう。そのときが指導のチャンスである。英語でどのように表現するとよかったのかを考えたり適切な表現を探させたりなどの指導を行うことが考えられる。「言語活動に取り組ませる→英語表現について指導する」という過程による指導の実施が求められる。

ア及びイでは，語彙等を「使う」ことを想定した内容を記述した。他方，語彙等を読んだり聞いたりすることも，言語活動の中で繰り返し取り組むことができるようにしていく。例えば教科書本文を読ませる場合は，既習の語彙等の意味が分からない（忘れている）からといって教師がすぐに教えてしまうのではなく生徒に想起させる。その際，教科書巻末の単語リストで確認させるだけではなく，当該語彙が使われていたページを開き，その語彙が使用されていた文を確認させることも効果的な指導である。そのことで，当該語彙の意味だけではなく使い方も確認させることができるからである。

4　授業は英語で行うことが基本

POINT
言語活動が授業の中心に据えられた授業，教師と生徒の英語によるやり取りが豊富な授業が求められる。

「英語で行う授業」を実現させるためには，「新出の言語材料を導入する際に説明や解説から始める授業」や「教科書本文を使った『読むこと』の言語活動に取り組ませる際に日本語訳をさせて概要等を掴ませる授業」からの脱却が必要である。本事項が求めていることは，教師の使用する言語を日本語から英語に変えればよいということではなく，授業の在り方そのものを見直し，言語活動中心の授業にしていく必要がある。

（山田　誠志）

どのように小中連携を図るのか

▶▶ 小中連携で大切なこと

　小中連携を図るためには，小学校での学びを生かした指導が求められる。

　しかし，ここで共通に確認しておきたいことは，小学校で行われる外国語教育は，中学校でのそれとは異質で独特なものではないということである。コミュニケーションを図るために必要な資質・能力を育成するという点で小学校と中学校（そして高等学校）の外国語教育の方向性は同じである。そのため，それぞれで行われる外国語教育には，指導上大切にされる考え方や指導の仕方などにおける共通点は本来多いはずであるし，多くなければならない。「小学校では，中学校においてこれまで行われてこなかった新たな外国語教育が行われるようになる。それは中学校の英語教師にとっては未知である。だから，中学校の教師は，小学校での外国語教育というものをしっかりと理解しなければならない」というわけではない。中学校においても，本来求められている（求められてきた）指導の仕方を確実に行っていれば，小学校との接続はおのずとできるであろう。実際，小学校での外国語教育をつぶさに知っているわけではないが，結果として小学校での学びをうまく生かし，生徒の「英語力」とコミュニケーションへの興味・関心を一層伸ばしている中学校の英語教師は数多くいる。そのような方は，小学校における外国語教育の変化に対して，過度にナーバスになったり構えたりする必要はないであろう。

　一方で，大変残念ながら「中学校においても本来求められている指導の仕方」が十分に行われていない場合もある。そこで，小中連携を図るために小学校での学びを生かした指導を行うことができるようになるために取り組むとよいと思われることを以下に示す。

▶▶ 教師に対して

1　授業を参観するとともに，授業研究会に参加して小学校教師の発言を聞き，小学校で大切にされていることを知る

　授業参観や授業研究会への参加の必要性は以前から言われ続けている。平成 29 年度英語教育実施状況調査の結果によると，「情報交換（互いの取組・実践を情報として交換する）」を

行っている中学校の割合は 72.6 %，「交流（情報交換した内容について研究協議。互いの学校で授業を行う）」は 57.2 %，「小中連携したカリキュラムの作成」が 13.0 ％である。小学校の教師と一緒にカリキュラム作成までできれば最も望ましいが，それが困難である場合，せめて授業を参観すること，そして，参観後の研究協議に参加することはぜひ実施していただきたい。

　実際に授業を見ること，実際に児童の発話を聞くこと，実際に小学校の教師の話を聞くことが，小学校での学びを生かした指導を考える際に極めて重要なことである。御自身の地域で行われているはずの小学校での公開授業や授業研究会に，ぜひ足を運んでいただきたい。

2　既習内容を把握する

　指導に当たり生徒の実態を把握することは当たり前のことである。したがってここで述べる「既習内容を確認する」ことは，小中接続のために新たに行わなければならないことではなく，よりよい授業を行うために当然行うべきことと言える。

　ここで，「既習内容を把握する」上で，「既習内容」とは何を指すかを確認したい。ここでいう「既習内容」とは，広く「言語活動」「教材」「言語材料」の三者を指している。「教材」を「既習内容」と捉えることに違和感をもたれるかもしれないが，「小学校段階での学習を中学校の授業に生かす」ことを目的に中学校の教師が把握したいことは何かという観点から，「教材」もぜひ把握してほしい。どのような言語活動を経験してきたのか，その言語活動に取り組んだときに使用した教材は何か，そして，その言語活動で聞いたり話したりしてきた言語材料は何かの三者を一体的に把握し，把握した結果を中学校の授業に活用していただきたい。

3　音声に慣れ親しませてから文字を見させる（読ませる）

　小学校における「読むこと」「書くこと」の全ての目標におおよそ共通していることは，「音声に十分慣れ親しんだ簡単な語句や基本的な表現」の意味を分かるようにしたり書き写すことができるようにしたりすることである。つまり，生徒たちは，まずは語句や表現を聞いたり話したりし，その後，それらの語句等を読んだり書き写したりなどするという順序で学んできている。言語を身に付ける自然なプロセスを踏んで外国語を学んできているとも言える。そういう生徒たちが中学校に入ってくる。初見の語彙等をいきなり読ませるという指導ではなく，教科書本文の内容を教師が口頭で導入し，その後，教科書付属の音声を聞かせる。そのようにして音声でおおよその意味を掴ませてから教科書を開かせる。そのような「音声→文字」の順序性を踏まえた指導を心掛けることが，少なくとも中学校の初期段階では必要になると考えられる。

　黒板に新出の言語材料を書き，構造や意味を教え，その後，当該言語材料を使った言語活動に取り組ませる，といった指導過程は改善の余地がある。生徒は小学校段階でそのような学び方をしてきておらず，新たに学ぶ英語表現が使われる場面や文脈の中でその意味や使い方を捉えるという学び方をしてきている。小学校との接続を考えたときに，生徒が身に付けている（と思われる）学び方は大切にされるべきである。また，そもそもこのような新たな表現との出合わせ方は，小学校だけではなく中学校段階においても大切にされたいことの一つである。

▶▶ 管理職に対して

　外国語科のみならず，いずれの教科等においても，小学校と中学校を円滑に接続することはとても大切なことである。そのために，先に述べたとおり，小学校で行われる公開授業や授業研究会に，校務に支障がない範囲内で教師が参加できるよう働きかけていただきたい。特に，同一校区内の小・中学校については，それぞれが授業研究会や授業参観を行う際は，その情報を共有し合ってほしい。そのような授業は年間を通じて複数回あると思われるので，行けるときに行くという「構えない交流」「日常的な交流」ができる風土が教師間にできると大変素晴らしい。このような風土の醸成には，小学校と中学校の校長同士が近い関係にあることが大きく寄与するのではないだろうか。校長同士が日常的にやり取りしている学校は，当該校の教師同士の連携も進みやすくなるのである。

▶▶ 教育委員会に対して

　小・中学校合同の研修会の実施や互いの授業を見合う機会の提供がされるなど，教育委員会主導で小中接続を促進する動きづくりをしていただいているが，今後，このような動きがさらに広がることを願っている。

　小中合同研修会を実施する場合，小・中学校の教師が同一の内容を研修する時間と，分かれて異なる研修を受ける時間の両方が設定されることが望ましい。小・中学校の外国語の授業で共通していることがある一方で，小学校でこそ，中学校でこそ大切にすべきことや実施が望まれる指導の仕方がそれぞれあるからである。働き方改革を進める中で，研修は削減の方向にある自治体が少なくないだろう。限られた機会・時間を最大限に活用していただきたいと思う。授業を行う上で生徒の実態把握が必須であるのと同じように，教員研修会の実施上，先生方の困っている点や求めていることを把握することは大変重要である。事前に声を拾ったり，研修の企画そのものに教師の力を借りたりすることもありえるだろう。また，教育研究会との連携も大切なことの一つであると考える。　　　　　　　　　　　　　　　　　　（山田　誠志）

[全8時間] ※小中連携を踏まえた中学校の実践

中学校生活を紹介しよう
～校舎案内と先生・友達紹介～

単元の概要 ▷▷

1 単元で目指す生徒の姿
　本単元は，中学校入学以降の新しい生活について，出身小学校の先生に紹介する単元である。主体的に英語を用いて，校舎案内をしたり，友達や先生について紹介したりする姿を目指す。
2 指導者の願い
　中学校の友達や先生，新しい校舎などとの様々な出会いを英語を介して深め，それらを英語で表現できるようになって欲しい。また，小学校の学級担任と中学校で頑張っている卒業生の姿を共有することで，小中一貫の指導についての理解を深めたい。

単元の目標：新学習指導要領 ▷▷

・自分や人を紹介したり，身の回りのものについて説明したりすることができる。

（知識及び技能）

・小学校の先生に，中学校の校舎や友達，先生などについて紹介したり，説明したりする。

（思考力，判断力，表現力等）

・小学校の先生と友達に配慮しながら，主体的に英語を用いて話そうとする。

（学びに向かう力，人間性等）

単元の目標：現行学習指導要領 ▷▷

・相手が理解しやすいように工夫して話す。

（コミュニケーションへの関心・意欲・態度）

・小学校の先生に，中学校の校舎や友達，先生について紹介したり，説明したりする。

（外国語表現の能力）

・自分や人を紹介したり，身の回りのものについて説明したりする際の表現や文構造を理解する。

（言語や文化についての知識・理解）

本単元の学習のポイント

　自己紹介のときに小学校外国語活動での既習表現を土台にし，小学校で作成したポスターなどを用いると，生徒は小・中学校の接続を意識し，滑らかに中学校英語科での学習に移行できる。校舎案内では相手が小学校の教師であることに配慮し，小学校との違いや中学校の特徴的なものなど，何をどのように説明するのかの視点をもたせる。また，中学校での学習事項を必然性のある言語活動の中で，ねらいの達成のために活用させることが大切である。

■言語材料

Hello. I am (Sakiko Yoshida). I'm from (Yoshida). I'm in the (soccer) team. I like (dogs). I want to be (a nurse). Call me (Saki), please. Nice to meet you. Are you from (Yoshida)? Are you in the (soccer) team? Yes, I am. No, I'm not. This is (a music room). That is (a swimming pool). It is (old). This is (Sakiko Yoshida). She (He) is (my new friend/ a science teacher). She is from (Yoshida). She is in the (soccer) team. She is kind.
【既出】挨拶・自己紹介，教科，スポーツ，人や場所を表わす簡単な形容詞

■単元を通した生徒の変容

　第一は，生徒たちが英語の授業を通して，ささやかではあるが「中学校生活に慣れる」ことができた。中学校入門期の生徒は新しい生活環境，集団，そして英語学習自体に少なからず不安感を抱いている。この時期に本単元を通して，友達，先生，校舎などについて英語を介して出会いを深めたことで，中学校生活へのスムーズな移行につながった。

　第二は，中学校で学習する内容を習得，活用する力の育成はもちろんのことだが，それ以上に本単元の学習の成果は「学習集団の形成」である。教師や友達との英語でのやり取りを通して，英語を基本とする中学校の授業，英語を目的達成のためのコミュニケーションツールとして用いる感覚を養うこともでき，中学校での英語学習の基盤となる集団を形成できた。

生徒の振り返りより

・日本語では聞けないことも、英語では聞くことができて、友達のことがよく分かった。
・英語でインタビューをして、友達のことを知ることができた。
・英語の授業は不安だったけど、グループの友達に分からないところなどを聞いて、できたのでよかった。
・中学校にどんな先生がおられるのかが分かって、安心した。
・小学校の I like〜. I want to be〜. を自己紹介で発表して、中学校でも小学校の英語で通じるんだと思った。

相手意識をもち，自分の名前を正しく伝えて主体的に英語を用いて自己紹介するとともに，積極的に友達の出身校や入部した部活動を聞き合う。

先生の名前や担当の部活動などを確認・質問するとともに，そこで得た情報をもとに，先生クイズを作成し，正しい英文を用いて，先生を紹介する。

第1時〜2時	第3時〜5時

第1時〜2時

【帯活動】
・アルファベットの文字の認識
・形合わせパズル

1　新しい友達との出会い（主な学習活動）

めあて：自己紹介をしよう。

○小学校での学習ファイルから自己紹介で使うポスターなどを選び，小学校での学習を想起する
○ Call me 〜，please. の表現を学ぶ
○名刺を作成し，自己紹介する

めあて：友達について知ろう。

○出身校，部活動などを尋ねる表現を学ぶ
○インタビュー活動　〜何部に入ったのかな〜

2　概要

　小学校での英語学習の軌跡でもある学習ファイルの中にある This is me. I like 〜 . I want to be 〜 . などの活動で作成したポスターを使って自己紹介をする。その際に，これからの中学校生活を共に送る友達に自分を何と呼んでほしいか Call me 〜 , please. の表現を新たに導入し，アルファベットの文字で書いた名刺を交換しながら新しい友達との出会いとする。

　次時は，友達の出身校や入部した部活動などを尋ね合うインタビュー活動を行い，友達との仲を深めていく。

評価規準
・自分の名前と自分を何と呼んでほしいかを正しく伝えて，自己紹介をすることができる。(知)
・相手が理解しやすいように工夫して話している。(関)

第3時〜5時

【帯活動】
・アルファベット文字の音
・音読みチャンツ　・文字−音かるた

1　先生方との出会い（主な学習活動）

めあて：中学校の先生について知ろう①〜③。

○相手を確認し，質問する表現を学ぶ
○先生に突撃インタビューをする
○人を紹介したり，質問したりする表現を学ぶ
○インタビュー結果を基にクイズを作成する
○先生クイズ大会をする

2　概要

　教科担任制の中学校では，多くの先生との出会いもある。Are you（名前）? や Are you a/ an（教科）teacher? などをはじめ，担当の部活動などを聞きに職員室にインタビューに行く。インタビューで得た情報を基に，先生クイズを作成し，This is 〜 . He / She is 〜 . を用いた先生紹介へとつなげる。

　小学校で既習の教科名を自然な形で思い返させるとともに，小学校の教科と中学校の教科の違いにも注目させる。これらの活動を通して中学校の先生を覚えるだけでなく，文を書くことで，小学校で音声で慣れ親しんだ表現を整理したり，語順に対する意識を高めたりすることができる。

評価規準
・相手が理解しやすいように工夫して話している。(関)
・インタビューで得た情報を基に，先生クイズを作成することができる。(表)
・自分や人を紹介したり，身の回りのものについて説明したりする際の表現や文構造を理解している。(知)

第6時～7時

【帯活動】
・音の足し算　　・eのついた母音
・単語かるた

1　校舎との出会い（主な学習活動）

めあて：校舎案内の準備をしよう①②。

○身の回りのものを説明する表現を学ぶ
○校舎探検をして，案内ルートを決める
○説明文をつくって，練習する

2　概要

新しい生活を送る校舎との出会いも大切にしたい。本校の校舎の各所には木のオブジェや稲わらの工芸品が置かれている。茶道や華道を学ぶ和室など，小学校にはない施設も多い。相手が何について興味をもち，何について知りたいのかを考え，そのためにはどのように説明したらいいのかを考えさせることで，思考力，判断力，表現力の育成につながる。そしてこの感覚が，コミュニケーションには常に相手がいることを念頭に置き，他者に配慮しながら主体的に学習に取り組む態度の育成にもつながると考えている。

実際に生徒たちは「～先生には，この場所に立ってもらったほうが，窓から見えるあの建物が見やすいよ」「小学校のときに～先輩の担任もしていたから，～先輩が描いた絵も紹介しようよ」などと積極的に意見を出し合い，相手に配慮する場面が多く見られた。

評価規準
・自分や人を紹介したり，身の回りのものについて説明したりする際の表現や文構造を理解している。(知)
・小学校の先生を意識して，校舎案内の表現を工夫することができる。(表)

第8時

【帯活動】
・2文字子音
・音かるたで単語づくり

1　小学校の先生との再会（主な学習活動）

めあて：小学校の先生に中学校生活について伝えよう。

○校舎案内をする
○出身小学校の先生を友達に紹介する
○中学校でできた新しい友達を紹介する

2　概要

入学してしばらくすると，小学校と中学校の教師で生徒の情報を共有するいわゆる小中連絡会がある。この機会を本単元の「小学校の先生との再会」の場とした。中学校の校舎を案内したり，中学校でできた新しい友達を紹介したりする。中学校生活について伝えることを目的とし，そのねらいの達成のためには前時までにどんな力が必要なのか，どんな必然性のある言語活動を通してその力を付けるのかを考え，バックワードデザインで本単元を構築した。

本時は総括的評価の場面でもある。また，生徒は小学校の先生との再会を楽しみにしており，中学校での新しい環境の中で頑張っている自分の姿を見てもらおうと，意欲的に取り組んでいた。本時は小学校と中学校を人でつなぐ指導の一例である。

評価規準
・相手に配慮しながら，主体的に英語を用いて話そうとする。(関)
・小学校の先生に，中学校の校舎や友達，先生について紹介したり，説明したりすることができる。(表)

（第8時／全8時間）

小学校の先生に中学校生活について伝えよう

本時の目標 ▷▷

・小学校の先生と友達に配慮しながら，主体的に英語を聞いて話そうとする。
・中学校の校舎や友達，先生について紹介したり，説明したりする。

準備する物 ▷▷

○ アルファベットの文字カード（帯活動用）
○ 中学校の先生紹介ポスター（前時までに作成したもの）
○ 振り返りシート

指導体制について ▷▷

　ALTとのティーム・ティーチングで指導する。校舎案内と小・中学校の先生紹介のときは同じ出身小学校ごとのグループ，友達を紹介するときは違う出身小学校のペアの学習形態とする。

本時で目指す姿 ▷▷

　主体的に英語を用いて，校舎案内をしたり，友達や先生について紹介したりしている生徒の姿を目指す。そのために行う教師の手立てとして，活動の前に手本を見せるなどして，それぞれの活動に見通しをもたせたい。

校舎案内の様子

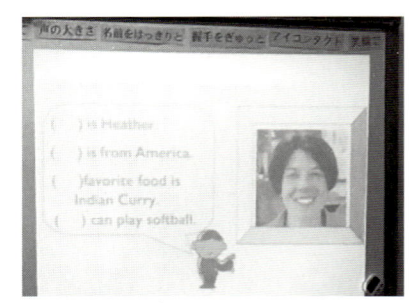

ALTの紹介をモデルとして示す

45 分間の流れ

This is ～. That is ～. など，身の回りのものや人を説明する表現を用いて，窓の外に見える建物や中学校の施設などについて，小学校の先生に説明しながら校舎内を歩く。小学校の先生からの質問にも答える。

出身小学校の先生を中学校の友達に紹介するために，質問タイムを設定する。質問から分かったことや今までに知っている情報を基に，同じ出身小学校のグループで協力してThis is ～. He / She is / was ～. などの表現を用いて，即興で紹介する。

本時までに作成したポスターを見せながら，前時で行ったようなクイズ形式を活用するなどの工夫をして中学校の先生を小学校の先生に紹介する。

出身小学校の先生に，中学校でできた新しい友達を紹介する。紹介された友達は，小学校の先生と握手を交わし，互いに質問したり答えたりして，コミュニケーションを図る。

中学校生活を紹介しよう
～校舎案内と先生・友達紹介～

帯活動：7分

2文字子音の導入

カードを使って2文字子音が表す音を導入する。

> **Point** 単語を見たときに，2文字子音を見つけて音を声に出したり，単語を聞いたときに2文字子音の音が聞き取れたりするようにする。

音かるたをしよう

①対戦チームをつくる。

②2文字子音を含むアルファベットの文字カードを机の上に広げる。

③教師は無作為にアルファベットの文字の音を読み上げる。

④生徒はその音を聞いて，カードを取る。

> **Point** 似ている音や文字の形のカードを意図的に連続して発音したり，同じ音を繰り返し発音したりして，音と文字の形に集中させる。次第に発音する速度を上げるなどして，レベルを上げていく。
>
> * c, k, q, ck, / f, ph などの同じ音をもつカードはどれをとってもよいこととする

手に入れたカードで単語をつくろう

音かるたで手に入れたカードだけを使って，チームで単語をつくる。

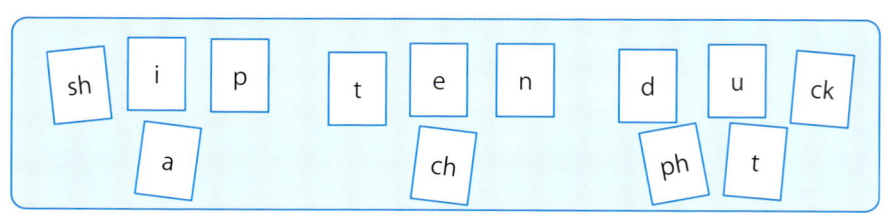

校舎案内：15分

> This is the music room. I'm in the brass band. I play the sax. My music teacher is Mr. Yoshida. He can play the piano well. He is cool.

音楽室に案内している。部屋の様子や用途だけではなく，自分との関連や思いなども含めて紹介していく。

> That is a hall. It is old and beautiful. We play the *taiko* in the hall.

近くのものと遠くのものを指し示す表現の違いを意識しながら，窓の外に見える講堂を紹介していく。

> What sports do you play after lunch?

> We play table tennis, basketball and handball.

小学校の先生からの質問にも答える。単語を並列で表現する方法も小学校で学習してきている。

　音楽室を紹介した生徒は，入学式でのブラスバンド部の演奏に惹かれ，ブラスバンド部への入部を決めた。そして自分の担当楽器がサキソフォーンに決まったことを小学校の先生に伝えたいという思いがあった。このように生徒の伝えたいという気持ちと言語活動がリンクしたことで，生徒自身が言語活動の目的を意識でき，主体的に活動に取り組むこともできた。

　また，本校区の小学校では単語を並列で表現する方法や，校舎のお気に入りの場所とそれを表わす形容詞を学習して中学校に入学してきたので，人や場所について，それらの形容詞を用いて説明することもできた。

中学校生活を紹介しよう
～校舎案内と先生・友達紹介～

小学校の先生紹介 ：10分

小学校の先生への質問タイム

生徒たちは小学校の先生について，ある程度のことは知っているが，ここでは改めて出身小学校の違う中学校の友達に小学校の先生を紹介するための情報を得る。

S：Do you like carrots?
T：No, I don't. I don't like carrots. I can't eat carrots.

> **Point** 名前などの一般的な情報だけでなく，「先生はこう見えて，実は○○です」など，聞いている人の興味を引きつける内容を聞き出すよう促す。

グループで相談

小学校の先生への質問タイムで得た情報も含めて，小学校の先生について何をどのように，どのような情報の順番で紹介すると，聞いている人は分かりやすいのかなどをグループで考える。

小学校の先生紹介

グループで出身小学校の先生を紹介する。

S：This is Mr. ～ . He is from ～ . He is a P.E. teacher. I like P.E. He is nice. He can play volleyball well. I can play volleyball well, too. He is strong. But, he can't eat carrots. He like *unagi*. I like *unagi*, too.

> **Point** He like *unagi*. など，三人称単数現在形のs（未習）がなかったり，多少の日本語を使ったりして紹介していても，主体的に英語を使って紹介しようとしている姿を認め，他の生徒にも広げるようにする。

中学校の先生紹介 ：5分

本時までに行う活動

1. 先生に突撃インタビューをする

職員室へ行き，先生方に Are you ～ ? Do you ～ ? を用いてインタビューをする。教室に戻ってインタビューから分かった情報を基に，先生クイズ大会を行う。

Q：He is from ～ . He is a Hiroshima Carp fun. He can play baseball. Who is he?

2. 先生紹介ポスターを作成する

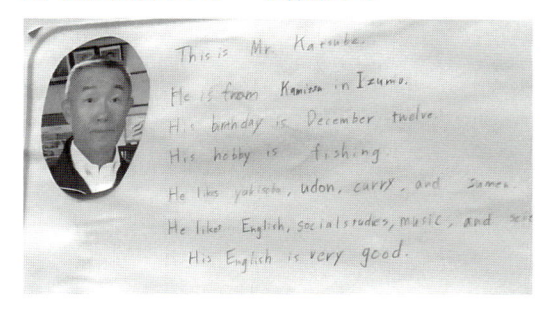

顔写真と先生を紹介する英文を書いてポスターを作成する。

クイズ大会では言語の適切さとやり取りに焦点を当てて指導するが，ポスターを書く際には，言語の正確さを意識させ，文字や語順に対する意識を高める。

本時の活動（5分）

　上記の活動で作成したポスターを見せながら，小学校の先生に中学校の先生を紹介する。その際に，説明する内容についてはポスターを書きながら頭の中で整理ができているので，ここでは，さらに相手意識をもたせながら紹介をさせる。「ジェスチャー」「声の大きさ」「名前をはっきりと」「アイコンタクト」「笑顔で」など，小学校の外国語活動から大切にしてきた視点を改めて与えて表現の場とする。

This is Mr. ～ . He is from ～ . His birthday is ～ . His hobby is fishing. He likes *yakisoba, udon,* curry and *somen*. He likes English, social studies, music and science. His English is very good.

中学校生活を紹介しよう
～校舎案内と先生・友達紹介～

友達紹介 ：10分

　最後に，中学校で新しくできた友達を小学校の先生に紹介する。小学校の先生にとっても卒業生に中学校でどんな友達ができたのかは，興味のあるところである。この活動では，違う出身小学校の友達とペアをつくり，前時までにインタビューをしたり，これまでに知り得たりしている情報を基に，即興で互いの小学校の先生に紹介し合う。

> **Point** 紹介の最後に He / She is friendly. など，その友達について自分の考えや気持ちを述べることがポイントである。また，小学校の先生から質問したり，紹介された友達から質問したりと，紹介後の時間もコミュニケーションの場とすることも大切である。

S1 : This my friend Saki.
　　　She is in the brass band.
　　　She is from Yoshida elementary school.
　　　She can speak English well.
　　　She is very kind.

T : Hi. I'm ～ from Tai elementary school.
　　　Nice to meet you, Saki.
S2 : Nice to meet you, too.
T : Do you like English?
S2 : Yes, I do.

振り返り ：3分

//

T：You did a nice job introducing your junior high school life to teachers.
How was it.

S：久しぶりに小学校の先生に会えてうれしかったし，中学校のことも英語で伝えることができました。でも，即興で英語で伝えることは難しかったです。

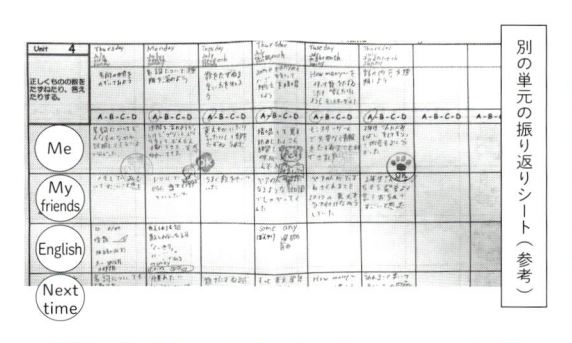

別の単元の振り返りシート（参考）

授業の終わりに振り返りシート（左写真）を用いて以下の観点で振り返りをする。
①自分について
②友達について
③英語について
④これからについて

> **Point** 振り返りシートは小学校と中学校で統一したシートを利用する。そうすることで，小学校と中学校で大切にしたいことなどの共通理解を図ることもでき，それが校種を越えた指導の一貫性にもつながる。

評価の考え方 //

　自分や友達を紹介したり，身の回りのものについて説明したりする場面で必要な知識及び技能を，相手や場の状況に応じて働かせて紹介したり説明したりするのかが思考力，判断力，表現力等につながる。そして，コミュニケーションの目的や場面，状況に応じて知識及び技能を活用しようとする姿勢を学びに向かう力，人間性等であると考える。

> 次からの学習もしっかりとがんばっていきたいと思います。

> 英語で即きょうでも紹介できるようにしたいです。

　本単元においては，それぞれの学習評価の観点に関する振り返りコメント（上記参照）やワークシートの記載内容，授業での様子の観察等を通して，形成的評価を行いつつ，本時のパフォーマンステスト等を通して総括的評価を行う。

（髙田　純子）

[全4時間] ※小中連携を踏まえた中学校の実践

ホームパーティー

単元の概要 ▷▷

1 単元で目指す生徒の姿

本単元は，日常的によく使われる表現が多く含まれているので，様々な場面を設定し，そこで必要とされる語彙や表現などを取り入れた言語活動を継続して行い，「自分の考えを伝え合うことができる生徒」の育成を目指したい。

2 指導者の願い

小学校の音声を重視した指導を基に，新出事項は，言語活動を通して何度も繰り返して使うことで定着を図りたい。生徒同士のやり取りを通じて，語彙や表現を繰り返し使い，「自分の考えを伝え合うことができる」ように指導していきたい。

単元の目標：新学習指導要領 ▷▷

・英語で自分の考えを伝えるときの文を理解する。　　　　　　　　　　　（知識及び技能）
・伝える内容を整理し，自分の考えを相手と伝え合う。

（思考力，判断力，表現力等）

・相手に配慮しながら，主体的にコミュニケーションを図ろうとする。

（学びに向かう力，人間性等）

単元の目標：現行学習指導要領 ▷▷

・自分の考えを積極的に聞き手に伝えたり，理由を述べたりしようとする。

（コミュニケーションへの関心・意欲・態度）

・日常的な話題について，自分の考えとその理由を話したり書いたりする。

（外国語表現の能力）

・対話文を読み，指示や提案の内容を理解する。　　　　　　（外国語理解の能力）
・英語で自分の考えを伝えるときの文構成を理解する。

（言語や文化についての知識・理解）

本単元の学習のポイント

　本単元においては，日常的な話題についてペアで話す活動や，自分で作成したメモを活用しながら相手と口頭で伝え合う活動を授業に取り入れ，自分の考えを伝え合う力が身に付けられるよう指導する。

　新出事項を練習する際は，やり取りで役立つ語句や表現も導入した。生徒同士のやり取りを通じて，「自分の考えを伝え合うことができる」生徒の育成を目指している。

■言語材料

○ I want (two lemons / three peaches / two packs of cherries). Do you have any (pets) now? / How many (rabbits) do they have? / Take a doggy bag. / Let's use the doggy bag.

○名詞の複数形（ lemons /peaches / packs / cherries / pets / parents / rabbits / bags ）, very much, change, we, they, some, any, let's, have, take, look, put, see, use

[既出] 挨拶，飲食物，果物・野菜，数字，スポーツ，楽器，動物，色，自己紹介，教科

■単元を通した生徒の変容

　ペア活動を始めた当初は，自分の考えを英語で表現することに躊躇する生徒もいた。そこで，リズムに合わせながら自分の考えを瞬時に英語で表現する活動を取り入れ，「綴りは書けないかもしれないが，音として表現すること」を大切にした。

　様々な活動を通じて，単元終末には，多くの生徒が間違うことを恐れず，自分の考えを伝え合おうとする姿が見られた。

第1時

1 主な学習活動

> **めあて：自分の好きな食べ物などについて伝え合おう。**

○教師の導入での説明を聞き，本時のめあてを確認する
○自分の知っている「食べ物や飲み物」をリズムに合わせて言う
○「好きな食べ物」についてのやり取りを行う
○買い物場面のロールプレイを行う
○本時の振り返りを行う

2 指導上の留意点
○場面や状況に応じた応答の表現を確認する

3 概要

　小学校では，チャンツに合わせて英文を練習していたことから，「自分が知っている食べ物や飲み物をリズムに合わせて言う活動」をペア，もしくはグループで行い，食べ物や飲み物の英語での言い方を確認する。

　また，小学校では，Do you ～ ? を使って相手に好きな食べ物を尋ねたり，Yes, I do. / No, I don't. で答える活動を通して，自分の考えを伝え合う活動を行ってきた。小学校での学びを生かし，「店で自分が欲しい物を注文したり，支払ったりする買い物の場面」で必要な語句や表現を導入し，対話の練習を行う。

　教師はこの買い物のロールプレイにおいて生徒自身が意見を積極的に伝えられているか，またその理由をしっかりと述べられているかなどを重点的に見取るようにする。

> **評価規準**
> ・自分の意見や考えを積極的に聞き手に伝えたり，理由を述べたりしようとしている。（関）

第2時

1 主な学習活動

> **めあて：自分がもっている物の数を伝え合おう。**

○教師の導入での説明を聞き，本時のめあてを確認する
○「自分がもっている持ち物」についてのやり取りを行う
○「ペットを飼っているか」「何の動物を飼いたいか」についてのやり取りを行う
○本時の振り返りを行う

2 指導上の留意点
○生徒たちがどうすれば会話を続けることができるかを確認する

3 概要

　How many ～ ? の質問に対して，Two. などの単語のみで答えることにとどまらず，Yes, I do. I have a dog and a cat. のように文で答えることができるように，教師と生徒とのやり取りを大切にしながら，段階を経て指導する。

　活動中は，「多く見られた間違い」の訂正を行ったり，積極的に「相づち表現」を使っている生徒をよい手本として挙げ，全体の表現力の向上を図る。

　生徒が，「自分がもっている持ち物」についてのやり取り（インタビュー）をする中で，教師は「持ち物の数」や，それがしっかりと文になっているかを丁寧に見取っていく。

> **評価規準**
> ・自分の考えを聞き手に伝えたり，理由を述べたりしようとしている。（関）

第3時	第4時

第3時

1　主な学習活動

> **めあて：相手に自分がしたいことを提案してみよう。**

○教師の導入での説明を聞き，本時のめあてを確認する
○「今日の放課後に〜しよう」と相手を誘う
○相手に提案／指示する表現や，誘いに応じる／断る表現を確認する
○本時の振り返りを行う

2　指導上の留意点
○小学校で学習した表現を想起させながら教科書本文の内容理解を図る

3　概要
　小学校で学んだ Let's have lunch. *Itadaki-masu.* などの表現から Let's 〜 . の用法を確認する。「今日の放課後に〜しよう」と相手を誘う。

　Yes, let's. / That's a good idea. などの誘いに応じる表現や，I'm sorry, I don't have any time. / Sorry, I'm busy. などの断る表現については，活動を通して指導し，生徒の表現の幅を広げる。

　対話文を読んだ後，その内容に関連した話題のやり取りにおいて，提案や指示について理解しているかを確認する。

> **評価規準**
> ・対話文を読み，指示や提案の内容を理解することができる。（理）

第4時

1　主な学習活動

> **めあて：自分が好きな物や普段することについてやり取りしよう。**

○教師の導入での説明を聞き，本時のめあてを確認する
○ペアで「兄弟姉妹はいるか。何人いるか」についてのやり取りを行う
○「自分が好きなものや普段すること」についてウェビング・マップで考えを整理し，ペアで伝え合う
○本時の振り返りを行う

2　指導上の留意点
○対話を続けようと工夫している生徒がいたら，全体で共有し，表現力の向上を図る

3　概要
　単元のまとめとして，今までに学習したことを用いて「自分が好きな物や普段すること」についてのやり取りを行う。ウェビング・マップを用いて，日本語／英語で自由に自分の思いを書かせた後に，英語でのやり取りを行う。ウェビング・マップを活用することにより「自分が好きなものや普段すること」が可視化されるとともに，関連付けて考えられるので，やり取りも活性化していく。

　綴りはまだ正確には書けなかったとしても，「音」として表現しようとする意欲を積極的に評価し，段階を経て書く活動へとつなげる。

　ペアでのやり取りにおいて，生徒が英語を用いて表現しているかを見取るようにする。

> **評価規準**
> ・日常的な話題について，自分の考えとその理由を話したり書いたりすることができる。（表）
> ・英語で自分の考えを伝えるときの文構成を理解している。（理）

Unit4（第4時／全4時）

好きな物や普段していることを伝え合おう

本時の目標 ▷▷

自分の好きな物や普段することについて，簡単な語句や文を用いて伝え合う。

準備する物 ▷▷

○ワークシート（B5判の用紙）
○黒板掲示用ウェビング・マップ

指導体制について ▷▷

少人数講座（均質集団）での指導を行い，グループやペアでの学習形態とする。

本時で目指す姿 ▷▷

ウェビング・マップを活用しながら，既習の語彙や表現を用いて，自分の好きな物や普段していることについて伝え合うことができる生徒の育成を目指す。ウェビング・マップの見本を提示する際は，後に生徒が英語で表現することを踏まえ，教師は「生徒に使用させたい言語材料」を意図的に用いて導入する。

50分の流れ

①質問したり，答えたりする活動

授業のはじめに，「兄弟／姉妹はいるか／何人いるのか」「ペットは飼っているか，何の動物を飼いたいか」などについて，質問したり答えたりする活動を行う。教師は，単元のまとめとして，「複数形を使って質問したり，その質問に対して応答できているか」を確認する。

②ウェビング・マップを活用する

自分の考えを整理するための道具としてのウェビング・マップを活用する。生徒は，教師が書いたウェビング・マップを見て，自分のイメージを膨らませた後，自分自身のウェビング・マップを用いて，日本語で自分の考えを整理する。教師は，生徒が自由に自分の考えを表現することができるよう支援する。

③自分の考えを伝え合う

生徒は，自分が作成したウェビング・マップを活用しながら，自分の考えを伝え合う。意見のやり取りを複数回繰り返し，学びを深める。

④より表現力を高めていく

ペアを替える際に，ジェスチャーなど動きを付けたり，「相づち表現」などで反応する等自ら工夫している生徒が見られたら，「よい例」として全員で共有したり，発音や語句の使用方法など「多く見られた間違い」の訂正も同時に行い，全体の表現力の向上を図る。

ホームパーティー

Small Talk 兄弟姉妹はいるか，何人いるか伝え合う ：10分

S1：Do you have any brothers?
S2：Yes, I do.
S1：Oh, really? How many brothers?
S2：Two.

S3：Do you have any brothers?
S4：Yes, I do.
S3：Oh, I see. How many brothers do you have?
S4：Well, I have two brothers.

> **Point** S1 と S2 のように「小学校で学んだやり取り」を基本にして，S3 と S4 のように「単元で学んだ英文を使って相手に質問していたり，応答したりしている」生徒が見られたら，「よい手本」として全体で共有し，全体の表現力の向上を図る。

T：Do you have any brothers, S1?
S1：Yes, I do.
T：Oh, I see. How many brothers do you have?
S1：I have one brother.
T：What is his name?
S1：Tsuyoshi.

> **Point** 活動の振り返りとして，教師は数名の生徒／全体に対して質問し，「問いに対して正確に答えることができるかどうか」を確認する。

T：How many brothers does S1 have?
S2：Umm. One brother.
T：That's right.（文で言うように促す）
S2：He have one brother.
S3：He has one brother.
T：Excellent. Do you have any brothers, S3?
S3：No, I don't have any brothers. I have one sister.

　ペアは，必要に応じて替えていく。教師は，評価規準を明確に提示し，生徒自身に自分の到達目標を決定させた後，活動に入る。「間違うことを恐れずに，自分の考えを表現しようとしている積極的な姿勢」を評価する。

　ペアを替える際に，自ら工夫して，「相づち表現」を使っていたり，「2文で答えようとしている」生徒が見られたら，「よい例」として全体で共有し，全体の表現力の向上を図る。また，全体に共通する「語句や表現の間違い」の訂正も同時に行う。

小中接続の視点から

・小学校の音声を重視した指導を踏まえ，綴りが書けなかったとしても，「英語で言うことができる語句や表現」を使用する場面を設定し，語彙の増加を図る。

・小学校で外国語活動・外国語科を経験した生徒は，"Do you 〜 ?"の質問に対して，"Yes, I do."で答えることができている。中学校1年生では，"Yes, I do. I have two brothers."のように，2文で答えることができるよう指導する。

・話す活動の後に，「話した内容について書く」活動を行う。書く活動の足場がけとして，話す活動のときから「文」で表現することを意識させる（音→文字の結び付き）。

ホームパーティー

ウェビング・マップの書き方を理解する ：5分

T : Now, you'll make your "Webbing map". What is "Webbing map"?
　I'll show you how to make it.
Ss : OK.

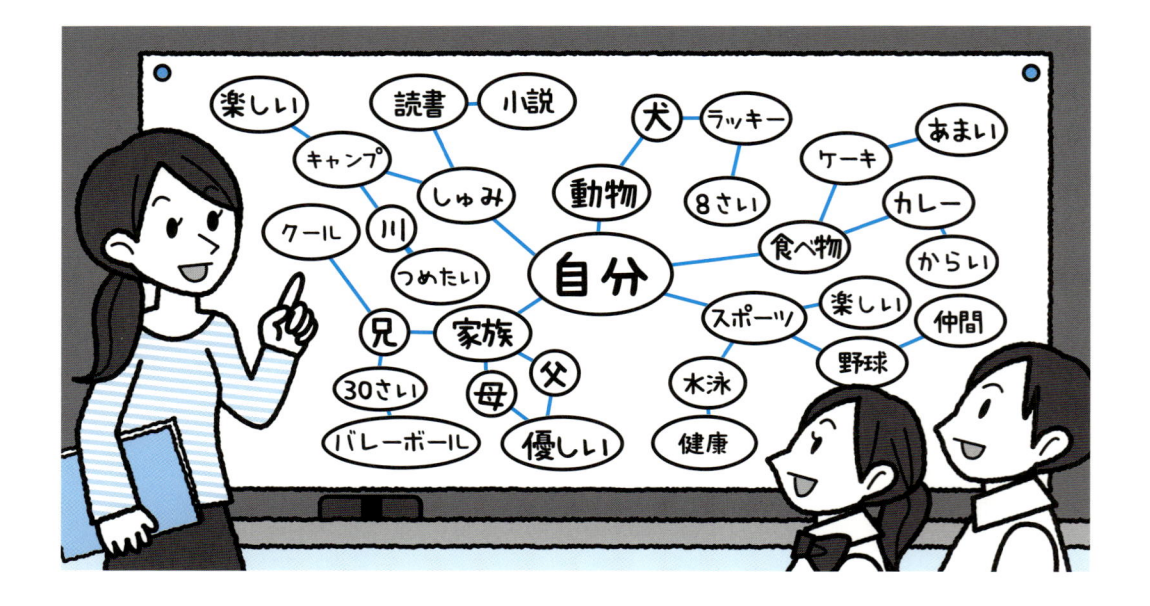

Point 教師は，中学1年生になりきって，自分自身を紹介するウェビング・マップを黒板に書く。英語でのやり取りを考え，「食べ物／家族／スポーツ」など生徒にとって身近な項目を使い，ウェビング・マップを広げていく。未習語を使用し，導入することも可能である。生徒は，教師の例を見て，自分自身のウェビング・マップのイメージを膨らませる。

Point ウェビング・マップは，情報を関連付けて考えるときに活用する。「自分」を拡散的に考えていきながらも，「食べ物／家族／スポーツ」など構造化していくこともねらいとしている。

T：Next, it's your turn. You will make your original "Webbing map".
　I'll give you five minutes. Any questions?
S1：Japanese or English?
T：You can use Japanese or English.
S1：All right.
T：Are you ready? Ready go!

写真：「書く活動」

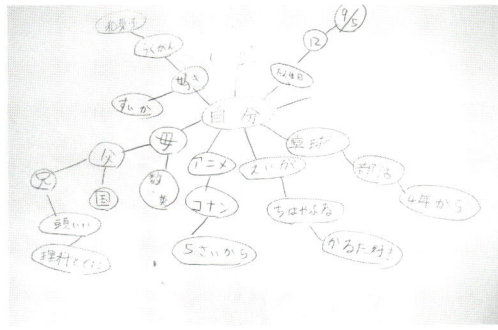

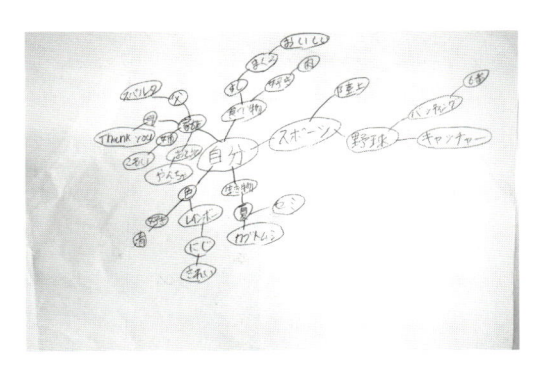

写真：「生徒のウェビング・マップの作品」

> **Point**
> ・教師は，全ての生徒が取り組むことができるように，「単語でよいので，自分の考え
> 　をどんどん日本語 / 英語で書き出すこと」の大切さを伝える。
> ・机間指導を行い，ウェビング・マップを広げるためのヒントを与えるなど，生徒が自
> 　由に自分の考えを表現できるように支援する。

ホームパーティー

ウェビング・マップを用いて，自分の考えをペアで伝え合う ：30分

T：Hello, I'm Haruka Nagashima. I'm twelve.
My favorite food is curry and rice. It's spicy.
I'm a member of the swimming team.
I practice swimming every day. It's fun.

写真：「伝え合う」

Point
- 教師は，生徒に「間違えることを恐れずに，表現することの大切さ」を伝える。綴りが分からなくても，「英語」で表現できるのであれば，積極的に表現させる。
- 生徒は，話し手と聞き手を分ける「発表形式」で自分の考えを表現する練習を数回繰り返す。話し手は，自分の考えが聞き手に伝わるようにジェスチャーを使うなど工夫する。聞き手は，話し手の伝えたいことを理解し，相づちを使いながら，反応する。

S1 : Hello.

S2 : Hello.

S1 : I'm Haruka Nagashima. I'm twelve.

S2 : OK.

S1 : My favorite food is curry and rice.

S2 : Oh, really?

S1 : I practice swimming every day. It's fun.

S2 : Oh, you like swimming!

写真：「伝え合う」

Point

・「発表形式」でのペア練習を数回行った後，「やり取り」に移行する。ペアを替えながら意見のやり取りを数回繰り返し，学びを深める機会とする。

・授業の最後には，全体の前で「数名の生徒が自分の考えを発表する」「指名されたペアがやり取りを発表する」，もしくは「ウェビング・マップを参考に，自分が話した内容を英語で書く」など生徒の実態に応じた「本時の振り返り」を行う。

評価の考え方

本単元においては，主に生徒同士のロールプレイやインタビューなどを通して総括的に評価する。また，振り返りのコメントやワークシートの記述（英作文）等から，生徒がどのように学習に取り組んでいたかを評価する。

（永島 春香）

AI 時代に外国語教育は必要か

これまで外国語教育改革の必要性について述べてきたが，人工知能（AI）の飛躍的な進展により自動翻訳機の精度が向上する中にあって，自動翻訳機を介して会話が成立するのだから外国語教育はそもそも不要ではないか，将来，外国語が必要となる一部の子供だけが学習すればよいのではないか，といった議論もある。果たして子供たちに対する外国語教育は不要なのだろうか。自動翻訳機の活用を否定するものではないが，自動翻訳機に過度に依存した場合の懸念点として考えられる理由を紹介したい。

もっとも，このテーマについては立場によって様々な考え方があり，今後も技術レベルの進展や，子供たちの外国語によるコミュニケーションの資質・能力の到達度等によりさらなる議論がなされるものと考える。

1　自動翻訳機の限界

自動翻訳機は将来的にさらに技術レベルを上げることが予想されるが，単に情報のやり取りだけでなく，自分の意見や感情も含め正確に翻訳できる技術が確立するかは保証の限りではない。特に AI の精度の向上にはビッグデータの活用が不可欠であるが日本語による情報の発信の総量は英語や中国語によるものと比べ圧倒的に少なく翻訳の精度向上にはまだまだ時間を要するとの指摘もある。

また，相手とのおしゃべりや雑談などのインフォーマルな会話は相手との心理的な距離を縮めることに有効と考えられる。このような会話では，話題が目まぐるしく転換する中で，相手の意図を確認しながら，自らの考えや思いを述べる必要がある。その際，「言葉の意味」と「相手が伝えたい意図」がずれることが頻繁にあり，人間は文脈の中で推論を働かせながら会話を成立させることができるが，文脈を理解できない自動翻訳機や AI ではこれらを解することは困難である。

2　自動翻訳機が誤訳したかどうかの確認が困難

自動翻訳機が日本語をある程度の精度で翻訳できたとしても，相手が発した英語を全て聞き取って正確に翻訳できるかは不明である。英語のある程度できる日本人であれば，聞き取った内容を，翻訳機上に表示される日本語を確認しながら，やり取りを継続することもできるが，そもそも英語が理解できなければ，翻訳が正しいか，誤訳かどうかも確認ができず，コミュニケーションが不成立に終わる可能性がある。

3　インバウンドや海外留学にも影響が出る可能性

外国人との会話が自動翻訳機を介して行うことになれば，2020 年東京オリンピック・パラリンピック競技大会を契機にさらに増加が見込まれる外国人への日本のおもてなしは機械任せとなり，人としての温かみのある対応ができなくなることが懸念される。

また，子供たちが英語を勉強する必要がなくなれば，日本人の留学離れがますます進む可能性もある[1]。そうなると，日本人が世界で一番母語以外の言語ができない奇異な国民となり，日本語を解さない多くの世界中の外国人とは友達にさえなれなくなることも危惧される。

---

[1] 文部科学省が実施した「平成 27 年度高等学校等における国際交流等の状況」によると留学を希望しない理由の 1 位が「言葉の壁」（50.4 %）となっている。

執筆者紹介

外国語活動・外国語科実践研究会

　グローバルな社会を生きる子供たちのために，外国語教育において求められる資質・能力を育成する観点から，「外国語活動・外国語科」の授業実践，教員研修の在り方について考察し，これからの外国語教育の未来について探究していくことを目指す，教師，研究者，文部科学省職員など多方面の分野による任意の研究会。

上田外史彦　文部科学省初等中等教育局情報教育・外国語教育課外国語教育推進室専門職

内田　綾　福岡県那珂川市立安徳南小学校教諭

大田　亜紀　福岡県篠栗町立篠栗小学校教頭

金城　太一　文部科学省大臣官房総務課課長補佐（前・初等中等教育局国際教育課外国語教育推進室長）

黒木　愛　東京都大田区立洗足池小学校教諭

酒井　英樹　信州大学教授

佐藤美智子　鳴門教育大学准教授

平良　優　沖縄県宮古島市立東小学校教諭

髙田　純子　島根県雲南市立吉田中学校教諭

直山木綿子　文部科学省初等中等教育局教育課程課教科調査官／情報教育・外国語教育課外国語教育推進室教科調査官

永島　春香　京都府宇治市立黄檗中学校教諭

仁科　愛　文部科学省初等中等教育局情報教育・外国語教育課外国語教育推進室企画調整係（行政実務研修生・福山市教育委員会）

畠山　芽含　東京都足立区新田学園足立区立新田小学校主幹教諭

福田　優子　大分県佐伯市立明治小学校長

柾木　渉　文部科学省初等中等教育局情報教育・外国語教育課外国語教育推進室企画調整係長

村尾　亮子　島根県雲南市教育委員会主幹・指導担当主事

山田　誠志　文部科学省初等中等教育局教育課程課教科調査官／情報教育・外国語教育課外国語教育推進室教科調査官

（五十音順／所属は平成 31 年 2 月現在）

※本書の原稿料・印税の一部については，子供の貧困対策に係る基金である，「子供の未来応援基金」に寄付をいたします。

実践！新学習指導要領
基本が分かる
外国語活動・外国語科の授業

2019（平成 31）年 2 月 28 日　　初版第 1 刷発行

編著者：外国語活動・外国語科実践研究会
発行者：錦織 圭之介
発行所：株式会社 東洋館出版社
　　　　〒 113-0021　東京都文京区本駒込 5-16-7
　　　　営業部　TEL 03-3823-9206
　　　　　　　　FAX 03-3823-9208
　　　　編集部　TEL 03-3823-9207
　　　　　　　　FAX 03-3823-9209
　　　　振　替　00180-7-96823
　　　　U R L　http://www.toyokan.co.jp

［装　丁］竹内 宏和（藤原印刷株式会社）
［本文デザイン］竹内宏和（藤原印刷株式会社）
印刷・製本：藤原印刷株式会社

ISBN978-4-491-03588-8／Printed in Japan